小学生の全教科の
＼成績がアップ！／

国語の力は親で決まる

花まる学習会代表
高濱 正伸

KANZEN

はじめに

まず国語！

この本は、小学生の国語の力を伸ばす本です。しかも、授業論ではなく、親が子どもの国語の力を伸ばすにはどうすればいいのかという視点で書いた本です。

私は、かつて「〈算数・数学で試される思考力〉について、今まで誰もやっていなかったことをやろう」と、花まる学習会という塾を立ち上げました。それは、一言で言えば、「思考の壁」を見極めて新しい指導方法を見出そうというもので、言いかえると、「図形問題で補助線を引いたあとの説明は聞けばわかる。そうではなくて、その場で補助線が浮かばないから困っている。でもそれが浮かぶようになる方法は誰も教えてくれない。そういう今まで手をつけられなかった新しい指導を極めたい」とでもいう感じです。

ところが、そのような思いと現実には、ギャップがありました。あるとき算数の思考力を試す1問の文章題を出したところ、そもそも文章をきちんと読み取れずに困る子が大勢いるという現実にぶつかったのです。思考の壁に当たる前に、日本語・国語の壁に当たって立ち往生している子の方が圧倒的に多い。当初の夢を実現するには、まず国語指導にこそ力点を置くべきである、と感じました。

それ以降、花まる学習会では、簡単な国語の文章題プリント1枚だけだった初期の形から変革を重ね、今では古典の素読・四字熟語の一斉発声・漢字検定を軸とした漢字力養成・名文の書き写し・作文・読書指導・「ことばノート」による言葉の修得・長文読解など、様々な角度からの指導をしています。

指導を重ねながら思うのは、「国語力は、まず家庭でこそ育つものなのだなあ」ということです。お父さんが一つひとつの言葉を大事にしている家庭には、論理力があって明晰な言葉づかいのできる子が育ちます。お母さんが本が好きで自然を鑑賞する目を持っていると、子どもも感性豊かで読書が大好きな子になります。

前回の出版から14年が経過し、今回再び出版することになりましたが、小学生の全学力をアップさせるためには、どんな教科よりも「まず国語!」、この考え方への自信が深まっています。そして、「親の言葉と接し方」が何よりも重要なのです。

本書には、具体的な指導方法や言葉かけの仕方がたくさん書かれていますが、肩に力を入れすぎず、大らかな気持ちで取り組んでいただければと願っています。

花まる学習会　高濱正伸

目次

3 漢字は家庭学習の勝負どころ……84

4 「書く力」をつける……91

2章 学力に直結する読書と作文

3章 国語力アップへ！親御さんへのお願い事項

2 国語力は親がつける……158

国語力が伸びる親子マンガ①
文章問題が苦手になる理由

……
6-1
○○さんの勉強について
何か心配などありますか？
うちの子国語が苦手…
みたいな？
あ…えーっと…
なるほど、何に問題があるかわかったぞ…
あはは…

国語力が伸びる親子マンガ②
本ならばいくらでも！

あ
そうそう
お小遣いはあげないけど
本ならいくらでも買ってあげるよ
え？本ならいいの？
うんいくらでも！

国語力が伸びる親子マンガ③
付きっきり学習のOKとNG

じ〜〜〜
じ〜〜〜
もう見ないで！
あっち行って！
え
ぴょーん
集中！
漢字学習のときは
付きっきりでも
よかったのに・・・

国語力が伸びる親子マンガ④
自己肯定感を高める家族時間

でも
喧嘩は悪いこと
ばかりじゃないよ
喧嘩をすると
とってもイヤな気持ちに
なるだろう?
うん、たしかに・・・
自分をコントロール
する力も鍛えられるから
見方を変えれば
いい経験なんだよ
そうなんだあ
すっきり
したみたい
だね

国語力が伸びる親子マンガ⑤
言葉遣いは使い分けよう

1章

学力の決め手は国語だった

1 学力の土台・国語力を伸ばすのは親

なぜ国語が大事なのか?

私が講演会などでいつも伝えているのは、伸びる子どもは家庭における言葉の文化がしっかりしているということです。親御さんの国語力が、子どもが伸びるカギを握っているということです。

あらゆる分野の第一線で活躍されているメディアアーティスト、落合陽一さんの講演を聴けば、彼が言葉に厳密であることがわかります。言葉に厳密というのは、その人が世界をはっきりと捉えている証拠です。似たような言葉や事物、事象を明確にわけて解釈することができているのです。そうやって世界を明確に捉えている人から出てくるアイディアには常人との明確な差があります。

一方、世界をはっきりと捉えることができていない場合、日々押し迫ってくる物事や状況に対して、ぼんやりとしか受け取ることができず、どういう方向付けをして進んでいいかわからず、無用に悩んだり、悲観したりしてしまう傾向が強いと言われています。

現代の悩める人たちに共通するものは、自分と他人を比較してしまい、自分は人より劣っているのだと頭を抱えて立ち止まってしまっていることですが、なぜ、そのような状態に陥ってしまうのでしょうか？

元をただせば、その境界線を分けているのは、国語力の有無なのです。

国語力があれば、厳密な言葉によって、世界を明確に捉えることができます。しかし、国語力がなければ、世界を正しく捉えることができません。そこには明確な差があります。

国語力のベースは家庭にあります。親御さんが家庭で使う言葉が国語力のベースになりますが、当然ながら、家庭ごとで国語力はまったく異なります。

国語力がある親御さんはしっかりと訂正できる

国語力がある親御さんは、子どもが言葉を言い間違えたときに、すぐに気づき、しっかりと訂正することができます。

例えば、子どもが学校での出来事について「今日の給食の時間はA君とB君がみんなを笑わせて、すごく嬉しかったんだ」と話したときに、「嬉しいじゃなくて、楽しいだよね?」と、しっかり訂正してあげられるのです。その親御さんは、子どもの言い間違えも気になるという言葉の力を持っているということです。実際にそういう親御さんは、仕事でも成功されていることが多いです。その親御さんも言葉の文化がある家庭のなかで育ってこられたのだと思います。

国語力の差が、言葉の力の差となり、知性の差となります。

国語力は、国語以外のあらゆる科目にも影響を与えることになります。例えば、数学の入試問題のなかで、『平行四辺形の向かい合う角度が正しいことを証明せよ』という問題があったとします。この問題を解くときのカギは、定理と定義の違いをしっかりと把握していることですが、その違いを厳密に捉えられず、漠然と受け入れてしまっている子どもは、「えーそれ学校で習ったんだけど」と混乱し、「定理なのだから定義を根拠に証明する」という枠組みが見えず、つまずいてしまうのです。

過去にこんなケースもありました。

数学において、才能あふれる子どもがいました。彼は、問題に出された図をみたときに、瞬間的に補助線を書いたりしながら回答を導けるほど天才的な発想を持っていました。

ただ、数学の問題として、文章によって難しい条件を付け加えられてしまうと、途端に解けなくなるという課題に直面していました。ある日、その子のお母さんと面談したときのことでした。お母さんの第一声が「うちの子、国語が苦手みたいな?」といった表現を使われたのです。その瞬間、私には問題がどこにあったのか、すぐに把握することができました。

お母さんが使っている言葉の緩さが、その子が国語力を伸ばせず、それが数学の問題文を正確に読み取ることができないという問題に繋がっていたのです。それは毎日ずっと続く環境なので、影響が絶大なのです。

つまり、数学を解くためにも国語力が大事であり、結局、国語力を育むためにもっとも大事なのは家庭だということです。

前回の出版から14年、現状の国語力

この本を初めて出版させてもらったのが2010年でした。当時と比べて、子どもたちの二極化が進んでいると感じます。

二極化とは、わかりやすくいえば、「この番組、マジヤバイよね」といった感想を口にしている層と、「今、このアナウンサーは言い間違えたね」などと気付いてしまう層とが、はっきりと二つにわかれているということです。

家庭でテレビを視聴するシチュエーションを一つとっても、その家庭における国語力の差ははっきりと出てしまいます。ちゃんとできている家庭の場合、その次の世代にも国語力はしっかりと受け継がれます。逆に、国語力が緩んでいる家庭の場合、その次の世代も緩んでいる場合がほとんどです。

14年前に出版した当時は、今ほどは二極化が進んでいなかったと感じますが、今はその差が激しく開いていると感じます。

例えば、テレビやＹｏｕＴｕｂｅから流れてくる映像や音を、完全な受け身の状態のまま、ズルズル視聴している家庭の子どもは、受け取ったものに対して、そのときの雰囲気のままにバカにしたり、批判したりしている傾向が強くなって

います。

そこには自分の頭で考えるという習慣がありません。提供されるものに対して、自分の頭で考えたり、哲学をしたりしていないので、いつまで経っても自分のなかに価値観が醸成されず、明確な言葉になって表に出てこないのです。

テレビのワイドショーを見ながら野次馬的に批判するだけの毎日を過ごしている家庭の子どもは、すでに将来に向けて危険信号が点滅していると言えます。

「ヤバイ」「エグイ」と表現する子が増えた

現代の子どもたちを見ていると、「ヤバイ」「エグイ」といった酷い表現をするシーンが見受けられます。

ただ、私としては、自分が公の場所で使用する言葉と、仲のよい友人たちの間で交わす言葉とをしっかりと使い分けられていれば、それほど問題はないという考え方です。

仲の良い友人同士の間では、「ヤバイ」「エグイ」といった、いわゆる俗語を使うことがあってもいいと思います。仲間内にしかわからない言葉を使う心地よさがあるからです。くだけた言い回しも場所をわきまえて使う分には問題はないと思います。

しかし、それを公の場所に行っても、何も気にせずに使っているとすれば、大きな問題でしょう。それをなぜ公の場所で使ってしまうといけないのか、あるいは、まったく通用しないのか、それが理解できていないこと自体がまずいのです。

この10年で登場したSNSの弊害とは

砕けた言葉を使ってしまう、という観点でいえば、この10年で急速に普及したSNSの影響もあると思います。

代表的なものでいえば、『X（旧Twitter）』や『Instagram』、『TikTok』などですが、そこではぬるい言葉が氾濫しています。口語的な、感情的な言葉が並んでいますが、SNSが果たしている役割といえば、自分のことを世の中に対して良く見せようとする、というツール、その程度なのだと理解しておいたほうがよいと思います。

このSNSも、仲間内や閉じられた空間のなかで使用する分には良いと思います。一方で、きちんとした公の場所で、それらの安っぽい、感情的な言葉の使用が通用しないことを本人が分かっていれば、問題はないでしょう。

　つまり、ＳＮＳが登場したことによって多くの弊害が出てきたというよりも、ＳＮＳをうまく使うことが大事であり、使用することにはそれほど問題がないというのが私の感想です。そもそも、これだけＳＮＳや関連するアプリなどが登場している現代において、ＳＮＳを一切避けて通ることは難しいので、うまく利用したり関わったりしなければいけない側面もあると思います。

　ただ一方で、『ｎｏｔｅ』のようなツールは、論理的に文章を書いている人たちが利用している傾向が強く、前述したような、感情的な言葉が氾濫するＳＮＳとの違いは明らかと言えます。

　それらの二極化、両極端ぶりはますます広がる一方であり、先ほどをお話した、言葉の使い方がきちんとしている人と、きちんとしていない人の、二極化の象徴と言っていいでしょう。

問題の文章が正しく読み取れない

私は、小学生に算数を教え始めた頃、計算はそこそこできるのに文章題はさっぱりできない、という子がたくさんいることに気がついたのです。これはどういうことだろうと思って、その子たちに、「算数の文章題がわからない理由ってなんだろう？」と考えぬいて、その理由を調査したことがあります。

理由はいくつかあったのですが、分析したところ、その理由の7割くらいが文章そのものを正しく読み取れていないために文章題ができない、ということだったのです。

図が描けないとか、式が立てられないとかという算数的な課題以前に、日本語で書かれた問題文そのものが正しく読み取れない。だから、算数の世界に入れない——この結果には愕然としました。そして、〝これは国語力が勝負だな〟と現場で切実に感じました。

そこで、他のいろんな教科の講師たちに聞いてみたのですが、それぞれの講師がみんな同じような悩みを持っていることがわかりました。

高学年以降は、あらゆる教科のテストはすべて文章題になります。その文章が読み取れない、あるいは、その中の一つの単語の意味がわからない。そうなると、何を聞かれているのか、どういう答えが求められているのかがわからない。だから国語以外の算数でも理科でも社会でも、そもそも問題の中に入れない。これは、深刻な問題でした。

それを現場でひしひしと感じたのが、花まる学習会として、国語に力を入れ始めた原点です。

国語ができると圧倒的に有利

例をあげますと、たとえば社会の問題で、「発展途上国」という言葉が出てくると、「発展途上国」とは何かがわからない。あるいは、算数の問題で、「飛び石がありますよ」という問題が出てくると、「飛び石」がどんなものかがわからない。そうなると、問題そのものがわからない。これは社会や算数以前の国語力の問題です。

国語力があれば、たとえ「発展途上国」という言葉に初めて出会ったとしても、その言葉のおおよその意味の見当をつけることができるでしょうし、少なくとも、その問題がどういう答えを求めているかは読み取れるでしょう。そうなれば、問題に入っていけます。

さらに、文章題には、その問題のヒントになる条件などが含まれていることがよくあります。その場合、文章題を正確に読み取ることができれば、そこから推理することで正解に一歩近づけるのです。

親御さんたちも覚えていらっしゃると思いますが、小中学生の頃、勉強ができる子というのは、たいてい国語がよくできる子だったのではないでしょうか。テストの問題はすべて国語で書かれているのですから、それは当然のことなのかもしれませんが、さらに一歩踏み込んで考えると、国語ができる子は、問題文に込められた出題者の意図が読める、だから、どんな種類の答えが求められているか、見当がつくということもあるのです。

読解力のある子は他の教科の伸びもいい

国語が全学力の基礎であることを教えてくれる実例を紹介しましょう。進学校のある県の県立高校が、私立に負けない「結果」を求められて、一つの試みを始めたのです。その試みというのは、国語の長文読解テストの点がいい子だけをピックアップして、その子たちに全教科の特訓をやる——というものでした。

そうしたら、実際に成果が上がり始めて、大学入試の合格率が上がったのです。これは、ある予備校で実際に行われているやり方だそうです。国語ができる子、長文を緻密に精読できる子は、努力すれば他の教科も伸びるということを裏付ける実例です。

国語はまちがいなく学力の基礎です。ですから、義務教育段階では、国語ができることが圧倒的に有利です。中学入試でも高校・大学の入試でも最上位になると数学的な思考力が試されるようになるのですが、それも国語の基礎があってのことです。

国語力を伸ばすカギは家庭にある

すべての学力の基礎になる国語力ですが、この国語力を伸ばすカギは家庭環境にあると私は見ています。学校より家庭での影響の方が大きいのです。

具体的に言うと、親御さんが子どもに対する接し方に配慮すると、子どもの国語力は大きく伸びるということです。

そう考えるようになった最初のきっかけは、私が中学3年生を教えていたときに、子どもたちに、「お父さん、お母さんは本を読む人ですか?」と聞いてみたことです。子どもたちはそれぞれ、「とてもよく読む」、「ときどき読む」、「全然読まない」というふうに答えてくれたのですが、その答えと子どもの国語力が正比例していたのです。「とてもよく読む」と答えた子どもたちはみんな国語の成績がいいのです。

それでは、と思って、次の機会に、「お父さん、お母さんは辞書を引く人ですか?」という質問をしてみました。子どもたちは、「よく引く」、「ときどき引く」、「全然引かない」と答えてくれましたが、その答えと子どもの国語力がやっぱり正比例していたのです。

親御さんが本を読んだり辞書を引いたりするのは、家庭文化と言ってもいいと思いますが、その家庭文化が中3の子どもの国語の成績に直結しているのです。そのとき、決定的に、「国語の決め手は家庭文化だったんだ!」と気づきました。その後たくさんの子どもたちを見てきましたが、ますますその確信を深めています。

各教科を制覇するベースは国語

大学に行くまでだけに絞り込んだとしても、やっぱり各教科を制覇するベースは国語なのです。出題者の言っていることに焦点を当てて、正しく読み取るということができないと、問題のゲートに入れない。

ほんとうにそれで困っている子を、私はいっぱい見てきています。だから、国語力をしっかりつけるというのは、非常に大事です。

ちょっとひねった問題になると、もうまったく読み取れなくなってしまう子どもたち。算数の問題なのに、算数以前の、日本語で書いてある問題の意味がきちんとわからない子どもたち。たとえば、速さの問題が出た場合に、速さというのは「距離を時間で割って作った概念です」と明確に言葉で言えないと、そもそも問題に入れません。

こういうことが、算数だけでなく、すべての教科に当てはまる。そういう意味で、成績を伸ばすということに絞り込んだとしても、何と言っても国語が大事なのです。

入社試験でも国語力がモノを言う

さらに言えば、国語力は世の中に出てから、より大事なものになります。まず、最初の入社試験の段階で国語力のない人はつまずいてしまう。

企業はどういう人を採用するのか？　やる気のある人？　もちろんそうですが、みんなやる気のあるようなことを言いますし、そもそもやる気のない人は初めからこないですから……。これは採用の決め手になりません。

今の企業は、自分の言葉で自分の考えが言える人を求めているのです。やる気はごまかせますが、これはごまかしが効きません。

今の若い人たちはマニュアル世代だから、ほとんどの人がマニュアル本にあるようなことを言う。でも、企業の側はそれを知っていますから、そういう人は採りません。企業は、自分の生き方にこだわって、ひと言でもキラッと光る言葉を言えた人を採ります。

企業というのは、考える力を持っている人、自分の言葉を持っている人を採ります。うちでも毎年社員を採用していますから、若い人たちがマニュアル本のとおりに、みんな同じことを言ってくるのには閉口しています。そんな中で、自分の言葉で、独自のことが言える人がいると、拍手したくなるくらいうれしいですね。それは問題意識を持っている証拠です。

人は考える動物ですから、国語力は単純に知識の量だけではなくて、問題意識とか、問題を解決する論理的思考とか、人の生き方のすべてにわたって影響する、まさに生きる力そのものなのです。

国語は生きる力の土台

会社での仕事というのは相手にわかってもらうことだらけです。たとえば、いつまでに何をどうするかを相手にきちんと伝えるという、たったそれだけのことでも、できない子がいます。思考の枠組みがない子は、そのとき自分が思いついたことだけをパッと言って、それでおしまいなのです。これをいつまでにやるの？　一人でやるの？　誰かと組んでやるの？　そういうことをいちいち聞かなければわからない。そういう人はもう社会人として通用しません。

そんな中で、詰めるべき情報を過不足なく詰めきって、ちょっとキラッと光る言葉を使う人、いつでもユーモアをまじえながら相手に自分の意思を伝えられる人は、とても魅力的で、「この人と仕事をしたいな」と思わせられます。同じものを頼むのでも、「あいつに頼もうかな」と思うし、「今度の出張にはあいつを連れて行こうかな」とか、「彼を部下にほしいんだけど」という風になりますね。そういう意味でも、国語力は生きる力の土台なのです。

家庭の主婦になっても、子どもに対する言葉の使い方がいいと、子どもの言葉の力も伸びるし、夫との会話も味わいのあるものにできるでしょう。

小学生で英語を学ぶとしても、母国語を土台にして学ぶわけですから、日本語の土台があやふやだったら、英語なんてできるわけがない。

どこから考えても、国語が生きる力の一番の柱だと思います。

人間にはいろんな本能がありますが、パートナーを見つけて一緒に暮らしたい、という本能があります。しかし、本能だからといって、ボーッとしていたら自然にそうなるというわけではないので、相手を口説かなければならない。ここでも言葉の力がモノを言います。自分の気持ちを言葉にして、好意を持つ相手に伝える——これが上手にできれば、相手はグラッとくるわけです。これにも相手の心を感じる力に加えて、相当高度な国語力が要求されます。

英語力よりもまず国語力が大事な理由

よく親御さんのなかには「早いうちから英語を学ばせておきたい」という方がいますし、実際にそのような風潮があるのはよくわかります。

ただ、私はまずは母国語によって、自分の考えをしっかりと人に伝えられるようになることが先だと考えています。自分でしっかりと考え抜いて、しっかりと哲学することで、自分のなかに明確な価値観を定めていく作業が必要だと考えているからです。

まず母国語によって自分を明確に表現し、その上で、人を説得することができる、そのような表現力を身につけることができなければ、第二外国語を習得しようとしても、頭のなかに入らないとも言われています。

日本人である以上、まずは日本語をしっかりと学ぶことが先です。まず日本語で自分自身を表現できるようにすることが大事だと思います。子どもに英語を学ばせる前に、親御さんがしっかりとした国語力をわが子に提示するほうが、何倍も大事だと確信を持っています。

わが子を魅力的な話し手に育てよう

言葉でのコミュニケーション能力で、強力な武器のひとつとなるのが、比喩表現です。比喩をうまく使っている人の話はわかりやすく、いきいきと相手に伝わります。

いきいきと話せば、その人の印象も良くなるものです。これを支えるのはさまざまな感動体験や普段の練習でしょう。家庭では、「まるで○○のようだね」とか、「○○のような△△」というような比喩表現を親御さんが意識的に使って話すようにしましょう。たとえば、「抜けるような青空」、「目にしみるような新緑」、「燃えるようなもみじ」、「水を打ったような静けさ」といった表現です。

「すっごーい」や「超でかい」のようなありふれた平板な表現ばかりしていると、子どもは魅力的な話し手からどんどん遠ざかってしまいます。

今はほとんどの若い人がスマホでSNSを使ってコミュニケーションを取っていますが、多くの場合が短い文章で伝えるから、かえって国語力の差がはっきり出るような気がします。

言葉で気持ちを伝える力が落ちている

かつて漢字を読み間違えて、メディアに批判された日本の首相がいましたけれど、日本人全体の国語力が落ちている象徴でしょう。中身がある人でも、漢字一つ間違えるだけで、本当にガクッと格落ちして見えますから、こわいですね。国語力の低下は国全体の問題なのです。

今も昔も、様々な手段を使って、男女が出会いを求めているようですが、実際には男性も女性も出会いがないとぼやいていますね。でも昔に比べたらずいぶん男女の出会いは増えています。

出会いがないというのは言い訳で、やっぱりコミュニケーション力、つまり言葉で気持ちを伝える力が落ちているのだと思います。出会っていて、「知人、友人」としては接していけても、「おつきあい」の段階にステップアップさせる力が、心理面でも言葉のスキルの面でも足りないのだと思います。

夫と妻のいさかいで多いと感じるのは、言葉の奥にある気持ちをくみとれないということだと思います。例えば、妻から夫に子どもに関係する話を振っているときに、夫がスマホをいじりながら妻のほうも見ずに「それでいいんじゃない？」

と答えるような光景があったとします。夫からすれば同意を示している行為だとしても、妻からすれば、返事をもらっているうちに入らないという受け止め方をすることが大半だと思います。

そういうことから言えば、とくに男性の側は、会話の中での国語力をレベルアップする必要があります。とくに、「自分の言いたいことを筋道立てて言う」という面ではなく、「相手の気持ちをくみとる」という面での国語力がないと、女性に逃げられるでしょうね。

同じ意味で、夫婦が理解し合えないという大きな問題があります。夫婦も結局言葉で理解し合わなくてはいけないのですが、お互いのコミュニケーションがうまくいかないのです。

夫の側は問題点を明確にして、それを論理的に解決したい。原因は何で、結論はこうだ！　でも、妻が求めているのは別のことなのですね。妻が求めているのは、聞いてほしい、わかってほしいということだったりします。つまり、気持ちのやりとりをしたいのです。だから、どうも夫婦の会話がかみ合わない。

その違いに、いつになったら気がつくのでしょうか？　老夫婦になっても、かみ合わないままという夫婦も少なからずいるようです。

共働きが増えた家庭でいかに国語力を伸ばすか

現代は、共働きをする家庭が増えています。そのなかで、学校の教育によって国語力を伸ばすことに期待する向きはあります。私自身も、まだまだ学校でやれることはたくさんあると思っています。

ただ、やはり子どもの国語力につながるのは家庭の言葉であり、家庭の文化というものは、その子の人生を大きく規定することは今後も変わらないでしょう。共働きの家庭が増えているといっても、その事実から逃れることはできません。

つい最近もつくづく感じたことですが、正しい言葉を使っていこうとする人たちは、自ずと学歴も高いものになる、という相関関係は絶対にあると思います。そういう現実がある以上は、子どもの国語力は家庭でしっかりと育むことを考えないといけません。

もちろん、両親が共働きの場合、家庭における会話の量などは、どうしても減ってしまう傾向はあるのかもしれません。

とはいえ、やはり家庭における会話の量は、子どもの発育にとって非常に大事であることは昔から変わりません。

『家庭の三声』と言って、家庭の口頭の会話は非常に大事だと言われています。これは、〝日本のモンテッソーリ〟といわれる道灌山幼稚園の高橋系吾さんという方が著書に書かれたことで、一時期、流行しましたが、この『家庭の三声』とは、笑い声、話し声、歌声を指しています。

豊かに言葉が交わされている家庭では子どもがすくすくと育つ、ということを高橋系吾さんは言っていますが、これは、小賢しく、知的に勉強ができるようになる、ということを指しているわけではありません。人生を自分のものとして引き寄せて、正しい言葉をしっかりと使うことで、正しく生きていけるよ、というニュアンスの話だと思います。

共働きの家庭が増えているのだとしても、『家庭の三声』が確保されているならば、子どもにとって好ましい環境であるということが言えます。

『家庭の三声』を確保するために大事にしたい家族の時間

共働きの家庭の場合、なかなか全員が一緒に揃うのは難しいかもしれません。お父さんが平日の夜は遅くまで家に戻れないような状況かもしれません。であれば、朝の時間帯であればどうでしょうか。

例えば、朝6時から6時半は家庭の全員が揃うための時間、と決めておくことができれば素晴らしいと思います。そこで昨日、何があったかを報告する時間を作ることができれば、自ずと家庭における会話は増えます。

そこで一人が発表した出来事に対して、家族で意見を言い合ったり、新聞記者のように「そのときにどうしたの？」といった感じでもっと深く聞いてみたりしてください。毎日繰り返していけば、『家庭の三声』は確保され、子どもの国語力が伸びることに繋がります。

家族があらゆる言葉を交わす時間というのは、言うまでもなく、人生において非常に有意義な時間になります。

私の教室には、家族で俳句を始めたというケースがありました。俳句と言っても季語を入れるような堅苦しいものではなく、言葉を五七五に沿ってリズムよく並べるゲームのようなものを指しているのだと思いますが、その日の一日の出来事を五七五に凝縮してまとめることを繰り返していくうちに自然と国語力は身についていきます。

例えば、夕焼けが綺麗だったことを五七五のなかでどう表現するとか、学校でいじめられたことを五七五のなかにいかに凝縮して伝えるのか、試行錯誤することを毎日繰り返していると、それが確実に国語力として力になっていきます。

国語力がある子どもは自分で物事を考えられる

近年のスポーツの現場、特に育成年代では、子どもたちが自分で考えられる力を引き伸ばそうとする指導者がたくさん出てきています。実際に、そういう選手が揃っているチームのほうが、優秀な戦績を残すケースも増えてきました。

例えば、甲子園で優勝した慶応義塾高校が最たる例と言えるでしょう。自主性を重んじた指導で高校野球の頂点を立ったチームの一つです。

自主性を重んじると言っても、そもそも、その選手に自分で考えられる力がなければ、自主性を伸ばしていくことは難しくなります。自分で考えられる力とは、物事を自分の言葉によって整理できること、つまり、世界を高い精度で捉えていることがベースになっています。

それは、幼少期の頃から家庭で育まれる国語力がモノを言っていることに他なりません。

日々、自分の言葉で考えて、自分の考えを積み上げているから、自主性が重んじられる環境下でも、しっかりと自分が進むべき方針を決められるのです。

物事を言語化できているというのは、自分の価値観を他人に対してはっきりと言えるということです。逆にいえば、自分のなかに言葉や考えが積み上がっていない場合、自主性が重んじられる環境下に入ったときに、自分では何も決められず、前進することができない状況に陥ります。

大谷翔平選手は自分の言葉で世界を捉えている

自分の言葉を積み上げ、哲学し、成長を重ねる。そうして世界に羽ばたいていった象徴として、メジャーリーグで活躍する大谷翔平選手がいます。彼にもしっかりとした国語力があることは周囲の方々から聞きます。大谷選手は難しい言葉は発しなくとも、「地頭の良さを感じる」と口にする方々がたくさんいるようです。

大谷選手には自分の言葉があり、その言葉によって、世界を正確に捉えているのだと思います。実際に、彼がメディアなどを通して発する言葉の数々を聞いていても、論理的に大げさなことは言わずに、誰もがわかりやすい言葉で自分の考えをしっかりと表現できています。

記者から問題点や今後やるべきことなどを聞かれたときには、自分の言葉で明確に、簡潔に答えています。テーマによっては答えづらいこともあると思いますが、そういう場合でも、記者のことを傷つけないような言い方で、マイルドに、それでいて、やんわりと皮肉を込めながらチクッという内容を伝えることもあります。

２０２３年のＷＢＣ（ワールド・ベースボール・クラシック）において大谷選手がいる日本は勝ち進みました。そして、アメリカと決勝戦を迎える前のロッカールームで、大谷選手が「今日だけは彼らに憧れを持つのをやめましょう」と話した内容が大きな話題になりました。

話している内容に目を向けると、話したい内容の論理が明確にあり、具体的な選手名を出すことによって説得力も出しています。しかも、まったく力まずに穏やかに話をしている。これが聞く側の心を動かすスピーチになるのです。

何よりも、あのときの大谷選手の立場に相応しい、素晴らしい内容でした。決して上から目線ではなく、聞いている日本代表の仲間たちに伝わる言葉を選択しながら、しっかりと伝えていました。

2 「読む力」をつける

精読力とイメージ力

さて、このようにすべての学力の土台になる国語ですが、その国語の力を家庭でわが子につけてやるためにはどうすればいいのか、という問題に入ります。

国語力には、読む力と書く力という二つの大きな柱があります。

まず、読む力からいきますと、文章を読んで、それをイメージとして思い浮かべなければならない。想像力とかイメージ力というものですね。これは、「思い浮かべなさい！」と言われて思い浮かべられるものではない。ある段階にこないと、本人の中でイメージがわいてこない。それをどう育てるかという課題が一つあります。

これは、教室で先生に教えてもらうというわけにはいきません。このイメージ力を育てるのは、ズバリ、経験と体験です。その中でも外遊びは重要です。外の自然という、色も形も触感もニオイも何もかも多様で変化に満ち、三次元イメージにあふれた中で、熱中して遊ぶこと、これほど子どものイメージ力を育ててくれるものは他にありません。

もう一つは、国語力という場合に、適当に流し読みや飛ばし読みをしていてはダメだということです。漠然と本を読むというのでもない。一字一句読み落とさないで、きっちり読み取らなければならない。これを精読力と言います。絶対に手を抜かないで意志的に緻密に読む力、そして、要するにこの文章はこういうことを言いたいんだということを正確に理解する要約力ですね。

この精読する集中力と、先ほど言いました、具体的な情景を思い浮かべるイメージ力の両方が大事なのです。この二つの力をどこで育てるかというと、まずどこよりも家庭なのです。

夫婦の会話、親子の会話。子どもは耳で聞いて、イメージを浮かべ、その内容を理解する。そして、それを何度も何度も繰り返すうちに、言葉の文字通りの意味はもちろん、その裏にも別の意味があることがある、ということにも気がついていく。言葉の持つニュアンスがわかるようになる。つまり、読むというのはそういうことです。「読みが深い」とか、「読まれている」とか言いますが、その「読み」です。

相手が言ったことを感じないで、言葉の表面だけを聞いている子がいますが、そういう子は問題文は一応読めても、その文が結局何を言いたいのか、どんな答えを求めているのか、ということを正確に理解できないのです。

読める子・読めない子

わかりやすい例で言いますと、たとえば親戚のおばさんがきていて、そこへ顔を出したら、お母さんが、「ああ、そうだ、○○ちゃん、庭のお花に水をやってきて！」と、普段言わないようなことを言ったとします。

そのとき、ハッと気がついて、「はい」と言ってその場をはずす子は、「読める」子です。子どもは、「何かわからないけど、大人が子どもに聞かせたくない話をしているんだな」と、言葉の裏の意味を感じ取っているのです。国語のテストには、こういう「読み」を試す問題がイヤと言うほど出てきます。

ところが、「さっき水をやっといたから、いいよ」と言って、その部屋に居続ける子は、「読めない」子というわけです。

こういうことは、日常の家庭生活の中でいっぱいあります。ということは、子どもの言葉の力を鍛えるためのチャンスが家庭生活の中にいっぱいあるということでもあります。

子どもの「どうして？」には必ず答えてあげる

もう一つ知っておいてほしいのは、人の話をしっかり聞く、少しでもわからないことがあったら、「それ、どういうことですか？」と聞いてくる子と、人の話を適当に聞いて、わからないことがあっても聞かないで流してしまう癖がついている子との差は、将来大きく開くということです。

相手の言うことをしっかり聞いて理解したい、きちんとわからないと気がすまない、という気持ちは、問題の文章全体を間違いなく読み取ろうという精神、つまり精読力につながります。

わからないことを知りたい、なんでもわかりたい。だから、大人をどんどん質問攻めにする。子どもというのは本来そういう生き物です。ところが、なぜかそれをやめてしまっている子どもがいる。私はここにも家庭文化の影響があるのではないかと思っています。

子どもが小学生くらいになったら、親子がお互いにきちんとわからないと気がすまないという会話の習慣をつけておくといいですね。

それと、子どもが、「どうして?」とか、「それなに?」と聞いてきたら、親御さんが必ず答えてあげるという習慣をつけることです。もちろん、親御さんにも答えられない問いがあるでしょうが、そういうときは、「うわぁ、いい疑問だね。お母さんにもわからない。いっしょに調べてみようか?」とか、「後で調べて教えてあげるね」というふうにして、わからないことをわからないままにしておかないことです。お母さんにも言い分はあって、片づけだ、料理だと忙しいときに、あれこれ聞いてこられても、まともに取り合う余裕がないということは、よくわかります。しかし、そこでのやりとりこそが、将来のわが子の学力全般に影響するとしたらどうでしょうか。

忙しいときに子どもにわからないことを聞かれても、「忙しいのに、ヘンなことを聞かないでよ!」ではなく、「すごいことを考えたね!」と、まずは良い好奇心を持ったこと自体を認めてあげたうえで、「すぐにはわからないけれど、かならず調べてみようね」と、これからのやる気につなげてあげてください。

低学年の子どもたちは、見聞きする多くの言葉に興味を持っています。大事なのは、若葉のようにエネルギッシュな子どもの好奇心をそいでしまわないこと。「〇〇って何？」には、大人がしっかり答えてやりましょう。

「子どもとはよく会話をしています」と言う親御さんが多いのですけれど、ちゃんとした会話ができているかどうか、というところが大切なのです。

わからないことがあったら、「それ、どういうこと？」、「どういう意味？」と言って、お互いに納得して会話を進めることですね。親御さんとしては、「それ、どういうこと？」と聞くと同時に、子どもが怪訝な顔をしていたら、「今言ったことわかる？」と子どもにたしかめて、わからなかったら、わかるように説明してあげる。これをきちんとやる家庭と言いっぱなし、聞きっぱなしの家庭とでは、子どもの読み取る力に大きな差がつくのは当然のことです。

● 集中して聞く力（口頭言語）が読み取る力につながる

子どもは文字を覚えていく前の段階として、「口頭言語」の発達がまずあり、お母さんやお父さんの言葉を聞きながら言葉を覚えていきます。

両親の言葉を聞く力が身についていき、その後、話す力が身についていきます。両親の言葉を集中して聞ける子どもほど、集中して文字を読める子どもになり、豊かに話せる子どもは、豊かに書ける子どもになります。

ある著名な幼稚園の園長先生と話をしたときに「長年見ていてあと伸びする子どもはみんな集中して聞ける子どもだった」と話されていました。

文字を覚えるのが早いとか、算数の問題を解くのが早いとか、そういう能力も大事ですが、あと伸びする子どもは集中して話を聞ける子ども、ということがわかっています。

例えば、ある文章問題があったときに、子どもが文章題の意味を読み取ることができずに、回答が導けなかったとしましょう。それは、その子に読み取る力がないことが理由の一つですが、親御さんが「ちゃんと読みなさい」「ちゃんと読み直しをしなさい」などと頭ごなしに叱ってしまうのは完全にアウトなのです。

その子がそれまでの生活のなかで、親御さんの話を集中して聞くという力を養うことしないまま過ごしてしまっていれば、自ずと、その子の読み取る力は低くなります。つまり、それは文章問題から大事な情報を読み取る力が身についていないということです。

言葉を集中して聞けるというのは、会話を言葉に変化して文字面を暗記する、という意味ではありません。まずは正確に、そして「この話の要点はこれだな」「この人はこういうことを言おうとしているんだな」と、要約しながら聞ける力があるということです。その話を聞く力が、そのまま文章を読み取る力につながります。

家庭などの日常において、発達段階に必要不可欠な口頭言語で、子どもがしっかりと聞く力が身についていない場合、読み取る力は当然育たない。その子はおそらく、国語のみならず算数の文章題でもつまずくことになるでしょう。

子どもの聞く力は、親御さんが家庭においてたくさんの会話を重ねることで自然と身につけていくものです。逆にいえば、親御さんにしっかりとした国語力があり、子どもがしっかりと聞くという習慣や文化が日常にあれば、その子の国語力は間違いなく伸びていきます。

現代は短い文章しか読めない子どもが増えている

現代は、短い文章しか読めない子どもが増えている、と言われます。私自身の実感は、文章をしっかり読める子どもと、短い文章しか読めない子どもと、その二極化が進んでいるというものです。

まず、前提として触れておきたいのは、ディスレクシアの症状として、文章を読めないという可能性はあります。現代では、13人に1人の割合でディスレクシアと診断されるとも言われています。ただこれは専門の治療や訓練を受けることでだんだんと読めるようになるとも言われています。

このようなケースを除き、一般的なケースでいえば、文章の「慢読」はできるけれど「精読」はできない、という場合があります。

「慢読」「精読」とは何か。

これは2章でも詳述しますが、わかりやすくいえば、文章を〝だいたい読む〟ということはできるけれど、算数の文章題や国語の長文読解の問題に対して、その問題が何をポイントにしているのか理解することができないというケースがあるとしましょう。これは「慢読」はできるけれど、「精度」はできないというケースに該当します。

漫然と文章を読むのではなく、しっかりと文章を読み解くことによって、問題を解ける可能性も高まるわけですが、この後者である「精読」ができないケースが増えています。

もちろん、ざっくりと漫然と読み進めていき、だいたいの内容が頭に入っているという場合はあるでしょうし、それで満足しているというケースもあるでしょう。慢読しかできなくとも、それでも「主人公に共感できるし、すごく面白かった！」という感覚になれることも本の魅力ではあります。

しかし一方で、一字一句、文章を読み漏らさずに読み進めていく「精読」は、まったく負荷が異なる行為なのです。「楽しくて読んでいる」のではなく、「しっかりと仕事のように読んで理解する」という行為なので、それだけの文章を読み解くだけの忍耐力も要するのです。

スマホやゲームが悪い？ SNSによる短文のやりとりが増加

子どもが長い文章を読めなくなっている時代的な背景としては、X（旧Twi

ｔｔｅｒ）やＴｉｋＴｏｋ、ＬＩＮＥなどのＳＮＳによって、短い文章の読み書きだけに慣れてしまっている影響は少なからずあると思います。

短い文章や写真、映像によるコミュニケーションの主流になってきていることもあり、物事や自分の感情を表現するために正しい言葉を使い、世界を精密に切り取ろうとする経験をしないまま、大人になってしまう人が山ほどいます。

そういう状況を踏まえれば、親御さんが子どもをＳＮＳの世界から少し距離を置かせるように仕向けることも非常に大事でしょう。

もちろん、仲間内同士ではＬＩＮＥなどで短い言葉だったり、スタンプだったりを使用しながらコミュニケーションを取ることはあります。現代はＳＮＳから完全に断絶した生活をすることも難しい状況になっているし、ある程度、仲間内でしか使わない酷い言葉を使う必要性もあると思います。であるならば、それが仲間内同士だから通用することを理解していれば何も問題はないと思います。

今この状況では、この場所では、きちんとした言葉をしゃべらなければいけない、という意識があり、実際にきちんとした言葉を使えることがすごく大事です。そういう場所や状況にもかかわらず、もしも親が「先日、マジで驚きました」など何の躊躇もなく砕けた言葉を使っているならば、その子どもには言葉の文化は根付かないし、大問題だと考えたほうがよいでしょう。

また、現代は、読書をする子どもと、まったく読書をしない子どもと、その二極化が進んでいますが、日々、スマホのSNSなどに興じるだけの毎日を送っている子どもは、圧倒的に後者の立場であり、読書をする習慣がまったく身についていない側にいます。

これは親御さんのしつけの問題とも言えるでしょう。家庭において、親御さんがダメだと言ったらダメ、という一点が徹底されていないのです。子どもに対する親御さんのしつけができていないことが、子どもの二極化が進んでいる問題の根本的な原因にあるように感じます。

起業やアスリートで成功する人は本ばかり読んでいる時期がある

私は年に3回ほど『Aera with Kids』という子育て雑誌上で、子どもたちにぜひお手本にしてほしい著名人を紹介しています。研究者、大学教授、経営者、アスリートといった著名な方々から選んでいるのですが、その方々に共通しているのは、全員がある一定の時期に読書ばかりしている時期があったということです。

アスリートでいえば、サッカー日本代表で活躍した香川真司選手もそのような時期があったそうです。ボクシングのミドル級などで活躍した村田諒太さんも、ものすごい読書家のお父さんに育てられています。

かつて私が村田さんと対談したとき、収録中に彼のＬＩＮＥにメッセージが入ったことがありました。村田さんによれば、「親父が読んで良いと思った本があると、必ず感想文を送って来るんです。お前も読めという感じで（笑）」ということでした。

そのような親御さんはなかなかいません。村田さんはとても良い家庭で育てられたと感じます。彼は一見、乱暴そうな言葉を使うイメージが先行していますが、しっかりとした自分の言葉を使いますし、物事を明確に捉えていることがわかります。

彼はボクシングの現役を引退しましたが、今後は解説者として、あるいは、起業家や経営者として、成功されるのではないかと思います。

経営者やアスリートとして成功している方の多くが、人生において、一定の時期を読書漬けになっている時期があります。自分自身の感性に従い、あるときに導かれるように読書にハマっていく時期があるのです。

本を没頭して読むことで自分の言葉に力が宿っていく

時期で言えば、思春期から20代の早い段階などに遭遇することが多いようです。若い時期に、どこかで一度、そのようなタイミングにふと遭遇することになるので、決して親御さんに強制されてそうなったということではありません。あくまで自分自身の感性に導かれ、忠実に従ったというケースがほとんどです。

本を一時期に没頭して読むことで、自分のなかでぼんやりとしていた考えが、少しずつ整理されていき、やがて確定します。そこに哲学があり、自分の言葉に力が宿っていく過程があり、その後の生き方にも大きな影響を与えます。

私には今、社員のインタビューをしたり、子どものお母さんをインタビューしたりする機会がありますが、そのなかで気づいたことがあります。大人になって読書を大切にして生きている人は、やはり育ちに特徴があるということです。

一つは、親御さんの読み聞かせが成功したというケース。二つ目は、そもそも親御さんが本の虫であるというケース。そして三つ目が、前述したように、子どもが思春期に壁にぶち当たったときに、本を読み漁る時期に遭遇するというケース。

偉人と言われる人たちの伝記などを読むとわかりますが、そういう人たちの家庭において、一定の割合以上で、「小遣いはあげないけれど、本だけはいくらでも買ってあげるよ」という親御さんの考え方の下で育っていることが知られています。

子どもからすれば、幼少期のうちに「本はいいものなんだ」というプラスのイメージに捉えられることになります。その子にはやがて放っておいても読書する習慣が身につき、勝手に人生を哲学し、生きていくためのきっかけを掴み取ることにつながるのです。

名文を読むことの大事さ

2023年の1月に直木賞を受賞された小川哲さんという作家がいます。

彼とはもう長い付き合いになります。彼が「小説を書く」と話したときは驚きましたが、2015年のデビュー作でハヤカワSFコンテストで大賞、二作目でハヤカワSF大賞と山本周五郎賞、そして2023年に直木賞を受賞しました。そんな彼があるとき「句読点」について興味深いことを話していました。

私たちは普段、文章を書くときに、句読点の付け方についてそれほど理解しないまま書いていることがほとんどだと思います。

しかし、彼は「句読点の付け方を意識している」というのです。そして、「日本で一番、句読点の付け方がうまい小説家は、村上春樹だ」とも言っていました。

つまり、村上春樹さんの小説を読んだときに「へえ、ここに句読点を打つのかあ」という感性を持っているということです。普通の人であれば、まったく気づかないようなことかもしれませんが、彼にはそこに気付けるだけの感性があったのです。

彼が、そのことを何かの雑誌に書いたあと、村上春樹さんから直接連絡が来たらしいのです。村上さんは「今まで文章がうまいとは言われてきたけれど、句読点の打ち方に気付かれ、指摘されたのはあなたが初めてだ」と、喜んでいたそうです。小川哲さんと村上春樹さんは今も交流を深めているそうです。

句読点一つとっても、そこに気付ける感性がある。もはや、達人の域だと思います。

名文というのは、そういう達人の域にある方々が、言葉の使い方に工夫を凝らし、これでもかと熱量を込めて書かれているので、幼少期のうちに、そういう文章にたくさん触れて感性を刺激することは大事だし、その後の人生に影響を与えるものだと思います。

三島由紀夫も『文章読本』のなかで、「名文を読みなさい」と書いています。

私も子どもたちに「名文を書き写す」ことをやってもらっています。

名文と言われる文章をしっかりと書き写すこと、これが国語の原点なのです。そうすることで句読点を打つ位置も感覚的に身につくでしょう。名文を書き写すこと自体にとても意味があるのです。

おすすめナンバーワンは外遊び

文章を読み取るときに、どう考えても広い知識のある子の方が圧倒的に有利です。大事なのは、体験量とそこから出てくる基礎的な知識です。

その意味では、子ども同士や親子での外遊びがお勧めです。

時々刻々と変化する自然の中で、人と人がいっしょに遊ぶとき、子どもは知らず知らずのうちに多様な経験をすることになります。太陽の光を浴びて、けんかしたり、仲良くなったり……、木や草のにおい、風に吹かれて、数え切れないほど多くの体験をします。その体験の質と量は膨大なものです。それは子どもの国語力に直結するのはもちろんですが、それを超えて、子どもの「生きる力」を鍛えてくれます。

ただ、今は一緒に外遊びをする仲間が少なくなりました。だからといって、子どもが一人で散歩に出かけるようなことはありません。ですから、親御さんが子どもを散歩に連れ出してやるといいでしょう。

家庭内のいろんな問題、経済的なこととか仕事のこと、近所づきあいのことなども、変に子どもに隠さないで、夫婦で自然にやっていれば、子どもは子どもなりに理解して、それも体験として蓄えていきます。それは人の心や人それぞれの事情を理解するという国語力の重要な要素でもあるのです。

● 家族で自然の中へ

いろんな体験をするという点では、家族旅行もいいですね。

視界のすべてが水平線という広々とした海を見る。海から太陽が昇り、また海へ落ちていく。山で御来光を見る。茜色の夕焼け。秋の空に浮かぶウロコ雲。人の背よりも高い積雪。何でもいい、普段経験したことのないことを一度でも経験した子どもは違います。

たとえば、「朝焼け」という言葉が出てきたとき、朝焼けを見たことのある子どもは、サッとイメージが浮かびます。見たことのない子は頭ではわかっていても、イメージが浮かびません。「経験したことがないことはわからない」のです。ですから、子どもにできるだけたくさんのことを経験させてください。それには、自然の中へ連れて行って遊ぶことがベストです。

自然は千変万化。木の葉一つとってみても、一本の木にたくさんの葉が生えていますが、どれ一つとして同じ葉っぱはありませんね。子どもは自然の中にいるだけで、無数の体験をすることができます。遊園地も悪くはないですが、できるだけ子どもを自然の中へ連れ出してください。

サマースクール風景

野外体験が国語力、全学力、生きる力を鍛える

雪国スクール風景

体験しないことはわからない！　雪国で思い切り遊ぶ子どもたち

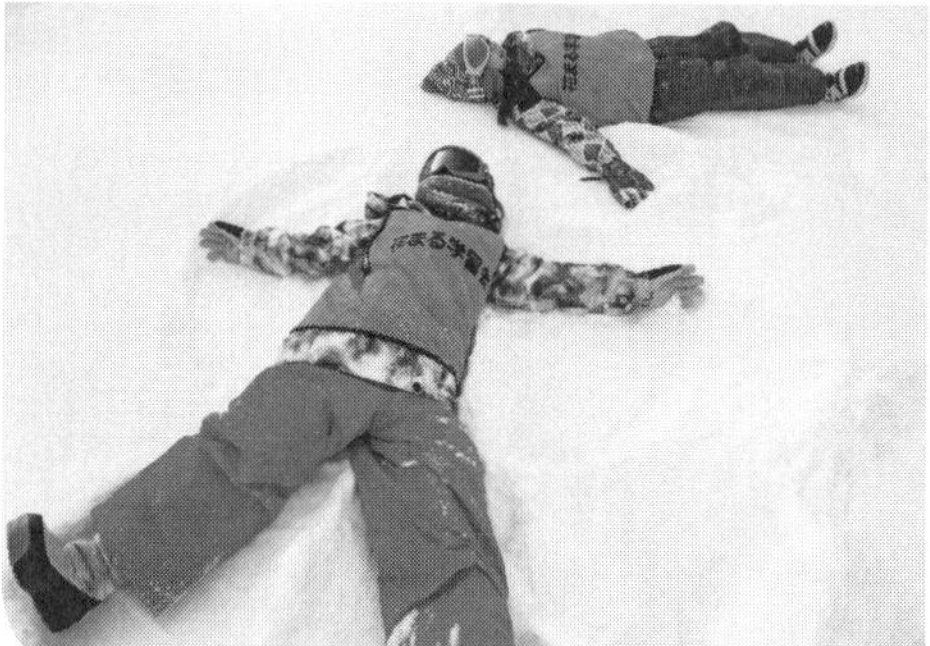

多様な経験をした子ほど読解力がある

そういう経験に加えて、百科事典を見たり、地球儀にさわったり、何でも積極的にさせましょう。

プラモデル、ゲーム、パズル、それから手や足を動かすボール遊び、縄跳び、大縄跳び、どんなことでも経験がものを言います。「大縄に足が引っかかって、悔しくて泣いた」という文章が出ても、やったことがない子にはイメージがわかないのです。ですから字面は読めても、「何か、よくわからない」ということになってしまいます。

ある段階の経験をしていないから、まったく読み取れない、ということが子どもにはよくあります。だから、いろんな経験をしている子ほど、文章の読解力があるということになります。家の中でじっとしている子より、外に出て、遊びをたくさんやって、家族でいろんな経験をして、友だちとの豊かなつきあいをしている子の方が有利なのです。子どもたちを教えていて、「えっ、こんなことも知らないの?」ということもよくありますからね。たとえば、思いつくままにあげますと、もちつき、羽子板、田植え、わらじ、缶切などを知らない子が結構います。

しかし、これらはテストによく出てくる言葉なのです。

蝶のさなぎがどういうものだということは、一応習いはするものの、実物を見たことがない子には、それがどんなものなのか、色、大きさ、硬さ、重さなど、まったくわかりません。図鑑で見たことのある子はまだましなのですが、それでも本当の大きさや質感がわからない。実物を見たりさわったりしたことのある子との差は歴然としています。

読解力をつけるおもしろトレーニング

文章を読み取る力をつけるために、花まる学習会では、「さくら」と名づけたテキストを使っています。

これは「読み取る力」は「聞き取る力」の土台の上にこそある、という考えで作られた指導法で、著作権が切れた、いわゆる名作の一節を読み聞かせるというものです。それを、「よく聞いてね」と言って読んでいって、「はい、ここまで。ここで質問をします」と言って、その文章の細かい部分がどうであったかを聞きます。

【さくらのテキスト】

『カニのしょうばい』

新美　南吉

かにがいろいろ考えたあげく、とこやをはじめました。かにの考えとしては　おおできでありました。

ところで、かには、

「とこやというしょうばいは、たいへんひまなものだな。」

と思いました。と　もうしますのは、ひとりもお客さんがこないからであります。

そこで、かにのとこやさんは、はさみをもって浜っぱたにやっていきました。そこには　たこがひるねをしていました。

「もしもし、たこさん。」

4

と　かにはよびかけました。

たこはめをさまして、

「なんだ。」

といいました。

「とこやですが、ごようはありませんか。」

「よくごらんよ。わたしの頭に毛があるかどうか。」

かにはたこの頭をよくみました。なるほど毛はひとすじもなく、つるんこでありました。いくら　かにがじょうずなとこやでも、毛のない頭をかることはできません。

かには、そこで、山へやっていきました。山にはたぬきがひるねをしていました。

「もしもし、たぬきさん。」

たぬきはめをさまして、

「なんだ。」

5

『手袋を買いに』

新美　南吉

寒い冬が北方から、狐の親子のすんでいる森へもやって来ました。

ある朝洞穴から子供の狐が出ようとしましたが、

「あっ。」と叫んで眼を抑えながら母さん狐のところへころげて来ました。

「母ちゃん、眼に何か刺さった。ぬいて頂戴早く早く」と言いました。

母さん狐がびっくりして、あわてふためきながら、眼を抑えている子供の手を恐る恐るとりのけて見ましたが、何も刺さってはいませんでした。母さん狐は洞穴の入り口から外へ出て初めてわけが解りました。昨夜のうちに、真白な雪がどっ

68

さり降ったのです。その雪の上からお陽さまがキラキラと照らしていたので、雪はまぶしいほど反射していたのです。雪を知らなかった子供の狐は、あまり強い反射をうけたので、眼に何か刺さったと思ったのでした。

子供の狐は遊びに行きました。真綿のように柔らかい雪の上をかけまわると、雪の粉が、しぶきのように飛び散って小さい虹がすっと映るのでした。

すると突然、うしろで、

「どたどた、ざーっ」と物すごい音がして、パン粉のような粉雪が、ふわーっと子狐におっかぶさって来ました。子狐はびっくりして、雪の中にころがるようにして十米も向こうへ逃げました。何だろうと思ってふり返って見ましたが何もいませんでした。それはもみの枝から雪がなだれ落ちたのでした。まだ枝と枝の間から白い絹糸のように雪がこぼれていました。

間もなく洞穴へ帰って来た子狐は、

69

『岡《おか》の家《いえ》』

鈴木《すずき》　三重吉《みえきち》

岡《おか》の上《うえ》に百《ひゃく》しょうのお家《うち》がありました。家《うち》がびんぼうで手《て》つだいの人《ひと》をやとうことも出来《でき》ないので、小《ちい》さな男《おとこ》の子《こ》が、お父《とう》さんと一《いっ》しょにはたらいていました。男《おとこ》の子《こ》は、まいにち野《の》へ出《で》たり、こくもつ小屋《ごや》の中《なか》で仕事《しごと》をしたりして、いちんちじゅう休《やす》みなくはたらきました。そして、夕方《ゆうがた》になるとやっと一時間《いちじかん》だけ、かってにあそぶ時間《じかん》をもらいました。

そのときには、男《おとこ》の子《こ》は、いつもきまって、もう一《ひと》つうしろの岡《おか》の上《うえ》へ出《で》かけました。そこへ上《あ》がると、何十町《なんじっちょう》か向《む》こうの岡《おか》の上《うえ》に、金《きん》の窓《まど》のついたお家《うち》が見《み》えました。男《おとこ》の子《こ》は、まいにち、そのきれいな窓《まど》を見《み》にいきました。窓《まど》はいつも、しば

16

らくの間《あいだ》きらきらと、まぶしいほど光《ひか》っています。そのうちに家《うち》の人《ひと》が戸《と》をしめると見《み》えて、きゅうに、ひょいと光《ひかり》がきえます。そして、もう、ただのお家《うち》とちっともかわらなくなってしまいます。男《おとこ》の子《こ》は、日《ひ》ぐれだから金《きん》の窓《まど》もしめるのだなと思《おも》って、じぶんもお家《うち》へかえって、牛乳《ぎゅうにゅう》とパンを食《た》べてねるのでした。

ある日《ひ》お父《とう》さんは、男《おとこ》の子《こ》をよんで、

「おまいはほんとによくはたらいておくれだ。そのごほうびに、きょうは一日《いちにち》おひまを上《あ》げるから、どこへでもいってお出《い》で。ただ、このおやすみは、神《かみ》さまが下《くだ》さったのだということをわすれてはいけないよ。うかうかくらしてしまわないで、何《なに》かいいことをおぼえて来《こ》なければ。」

と言《い》いました。

男《おとこ》の子《こ》はたいそうよろこびました。では、今日《きょう》こそは、あの金《きん》の窓《まど》の家《うち》へいって見《み》ようと思《おも》って、お母《かあ》さまから、パンを一《ひと》きれもらって、それをポケットにおしこ

17

たとえば、「○○さんが買い物をするために雑貨屋さんに入っていったとき、店の奥から出てきたおばさんはどんな服装をしていましたか？」というような質問をします。

これは、ちゃんとイメージを思い浮かべながら、しっかり聞いていないと答えられません。

あるいは、「主人公の僕は、お母さんと弟と3人で歩いていったのだけれど、弟はお母さんの右側にいたでしょうか、左側にいたでしょうか？」というような質問をします。

ただぼんやりと聞いていた子は、「え？　そんなのわからないよ！」となって、こういう質問には答えられません。でも、その文章には、「僕は右手でお母さんと手をつないでいた」と書いてあるのです。そうすると、弟は反対側にいることになるから、弟はお母さんの右側にいた、ということがわかります。それをイメージとして浮かべられた子には、これは簡単な問題なのです。

こういうことをやると、子どもの聞く力、ひいては文章の読解力がすごく伸びます。

これは子どもたちも大好きで、面白がってやります。低学年は耳学問の時代なので、最初はお母さんが読んで子どもが聞くという形でやりますが、学年が進んで自分で読めるようになったら、黙読させて質問をするという方法をとります。読み聞かせて質問をするというこの方法は、お母さんにもやりやすい方法ですし、子どももいやがらないと思いますので、ぜひやってみてください。あくまで、いっしょに楽しむという遊びの感覚でやってください。長文読解力をつける訓練という感じになると、子どもはついてきません。

ただし、ある種の集中力を要するので、寝る前の読み聞かせではやらないでください。寝る前にやると、目がさえて、寝られなくなるおそれがあります。それぐらい、これは脳を活性化させるようです。

精読力をつける音読打率ゲーム

私は、塾という現場で長く子どもたちの勉強を見ていて、国語でも算数でも長文の問題ができない子は、音読をさせたときに穴が開くということに気がつきました。音読力のなさがそのまま精読力のなさにつながっているのです。

あるとき、中3で浦和高校へ行きたいという子がいました。その子はちょっと変わっていて、数学や理科はいいのですが、国語の成績が良くない。その子に音読をさせてみたら、穴だらけなのです。そこで、音読打率ゲームを徹底的にやりました。

これはその子の国語力を伸ばす方法として成功しました。

音読打率ゲームのやり方を説明します。

分量は自由ですが、たとえば、1行約40字で50行ほどの問題文を用意します。それを音読させて、ちょっとでもつかえたり、読み間違えたり、読み飛ばしたりしたところを、聞いている側がチェックします。そして、行数分のチェックの数を出します。

現場でやった感覚としては、ふつうは50行で20カ所から30カ所ほど読み違えてしまいます。ちなみに、判定基準も大事で、ちょっとつかえたり、読み間違えかけてすぐ訂正したものも、すべてカウントしていきます。50行でチェックの数が5つ以下の人は、トップクラスの中学や高校へ行ける人です。人間は50行も読んでいると、どこかで立て続けに間違いをやってしまうものです。おもしろいもので、1回間違うと、続けて間違いをやるのです。「しまった!」と思ったり、「間違わないようにしなくちゃ」と意識したりすると、かえって、また同じような間違いをやってしまいます。つまり、心理的にもフワフワぶれることなく、安定した集中を維持して読み続けなければなりません。

これは、相当効果があります。

用意する問題文は、国語の長文問題のようなものが適していると思いますが、なければ何でもいいです。新聞の署名コラムなどでもいいでしょう。

音読打率ゲームをやれば、国語の力がどれくらいあるかがはっきりわかります。正確で緻密な音読が、正確で緻密な黙読につながるのです。

「さくら」と音読打率ゲームというこの二つの方法は、今まで精読力を育てるのに、具体的に効果があったやり方です。

本を読んだら、あらすじを聞く

それから、子どもが本を1冊読み終えたら、親御さんは、「それはどういうお話だったの?」と聞いてほしいですね。これは、物語の内容をわかりやすく要約する力を育てます。

たとえば、浦島太郎の話を読み終えたら、「浦島太郎が亀を助けたら、亀が竜宮城へ連れて行ってくれて、そこで楽しんだんだけれど、帰ってきたら、すごく年を取っていたという話」というように、何が何してどうなったという物語のあらすじを言わせる。このように要約する力が、長文の読解力に直結するのです。これは学年が上がってきたら、さらに「テーマ性」に焦点を当てることが課題になります。たとえば、芥川龍之介の『トロッコ』という作品の要約では、「良平が、夕暮れの村までの道を、一人で帰ってきた話」ではなく、「良平が、夕暮れの村までの道を、一人で走って帰ってくるという経験をする中で、初めて『本当の恐怖』に直面する話」というようにまとめさせることを目標にします。

人のお話を聞いたときの報告でも、同じことが言えます。

「今日、講演会で落合陽一という人のお話を聞いたんだよ」と子どもが言ったら、親御さんはすぐ、「どういうお話だったの?」と聞いてください。すると、しっかり聞いていた子どもは、「自分で論文を書いたり読めたりすることは大事だ、という講演だった」というように答えるでしょう。

本を読んでも、映画を観ても、先生の話を聞いても、短く要約できるというのは、問題文を正確に素早く読み取れることにつながります。

長文を要約できない子は国語ができない

以前、私は国語ができない子の研究をしていたのですが、こういう例がありました。

中2の問題で、外国から帰化した人の書いた文章が出たことがありました。正確には覚えていませんが、だいたいの内容は、「日本人は律儀な国民だ。全員交通信号を守っている。赤信号だと、車がこないことがわかっていても、待っている。なぜだろう？　私なら、車がこないことがわかっていたら、赤信号でも渡る。あるとき、北海道の一面見渡す限りの原野の踏切で、一時停止した軽トラックを見たことがある。信じられない光景だった。列車がこないことは、一目見てわかるはず。それなら停止する必要はない」というものでした。

その文章を要約させると、国語ができる子は、「赤信号でも渡ってもいい場合がある。自分の頭で判断することが大事」と書くのですが、国語ができない子は、「交通ルールの話」というようなことを書くのです。

的外れもいいところですが、的外れであることにすら気がついていない。どこにポイントがあるかがわかっていないのです。「相手が言いたいこと」、「書いた人が言いたいこと」に焦点を当てて聞く・読むということができないということです。こういう状態が続く限り、国語のみならず、学力の向上はありえません。こういう子が社会へ出ると大変です。「この人の話を聞いといて」と言って、あとで、「どうだった?」と聞くと、「聞いてました!」と言う。「それで、どういう話だったの?」と重ねて聞くと、「聞いてましたけど、別に……」。これでは、怒る気にもなりません。

「聞いといて」というのは、当然「話を聞いて、その内容を知らせてほしい」ということなのですが、それが通じない。

こういう子は、まず人の話をしっかり聞くという基本ができていないのです。ですから、子どもがちゃんと聞いているかどうか、「今何て言った?」と、親御さんはときどきたしかめてみるといいと思います。意外とわかっていないことが多いのに驚かれるのではないでしょうか。

国語の入試問題と「思いやり」の意外な関係

「思いやり」という心のあり方は、不思議なことに国語のテストとの関連が深いのです。

　私は、思いやりに満ちた親御さんの子は思いやりがあるな、ということをよく感じます。たとえば、誰かが転んだとき、「わははは－！」と笑う子どもと、「だいじょうぶ？」と心配する子どもとがいます。ここには、心のあり方において、根本的な違いがあると思います。

　また、ひと昔前ですが、阪神淡路大震災のときに、ある男の子のお母さんは、火災の煙が上がる上空からの映像を見て「うわぁ－すっごいね－」と、まるで映画でも観ているかのような言い方をしたそうです。現実と映像の区別がつかないのでしょうか。やっぱり、その男の子は人への当たりがきつくて、何となく殺伐としているのです。親御さんが思いやりを持って世の中に接し、子どもに接しているかどうかが、こういうところにはっきりと現れるのです。

　国語の中学入試問題をよくよく分析すれば、国語では、これでもか、というほど思いやりの心を求めているということに気がつきます。

　たまたま中学入試の問題を作っている先生の話を聞く機会があったのですが、なるほどそうだろうな、と思いました。

　なぜ国語の入試問題と思いやりがつながるのか？　そのわけは、学校側が、他人への思いやりがなくて人と協調できないとか、友だちができないというような人間関係に弱点のある生徒への対応に大変なエネルギーを使わされているという現実があって、もうとにかくいじめなどの問題を起こさない子にきてほしい、という切実な思いがあるからだというのです。

ですから、学校側としては、国語のテストを通じて、基本的に他人への思いやりがあるかどうかを見たいのです。そこで、たとえば中学入試で、足をくじいて、痛む足を引きずりながら歩いている人を描写する文章が出されて、そこに設問があっても、「わはははー!」と笑った子には、出題者の意図がわからないということが起こるのです。

親の「思いやり」が子どもの「思いやり」を育てる

「思いやり」は共感と言ってもいいでしょう。これは、たとえば、お父さんが仕事で認められたら家族みんなで喜ぶ、弟が風邪を引いて熱を出したら家族みんなでいたわる、というように、家族一緒に喜んだり悲しんだりする中で、子どもの心に育っていくものです。

そういう意味で、まずはお父さんがお母さんを思いやり、お母さんがお父さんを思いやることが、子どもの思いやりを育てる土台になると思います。

こういう「思いやる」という心がないと、国語のテストに出てくる、人の心の微妙な機微を感じるというようなことはできません。

親御さんの感情表現が子どもの「感じる心」を育てる

そして、「思いやり」とよく似ていますが、「感じる心」も同時に育てていくといいのです。

わかりやすい例をあげますと、たとえば、国語のテストで、「空一面に広がる朝焼けに出会って、突然涙があふれてきた」というような場面があっても、「感じる心」の乏しい子は、「えっ、なんで?」となってしまいます。

実際、こういうこともありました。ある中学3年生の男の子は、自分でも国語が苦手と言っていました。論説文などはそこそこ解けるのですが、物語や詩などの問題にからきし弱いのです。

作者の孤独がテーマになった文章があり、それを象徴するような、「広い空には、小さな雲がただひとつ、ポッカリ浮いていた」という文を彼に読んでもらい、「何か感じるでしょう?」と聞いたのです。しかし彼は、「何にも感じません。雲があるだけですよねえ」と、本当に心から言うのです。

なんともかわいそうな話です。このテストはたまたま表に出た一つの例にすぎません。彼がずっとこのままだったら、社会に出てからもいろんな場面で、人と「感じること」を共有できずに、苦しむことになるでしょう

この「感じる心」を伸ばすにはどうしたらいいか?

私が師と仰ぐ上里龍生というすばらしい幼児教育の先生がいます。大学入試向けの指導が専門だった私が、理想を胸に小学校3年生くらいまでの年齢の子どもたち向けの教育を始めたとき、頭で考えていたことと現実のギャップで何度も壁にぶつかりました。しかし、上里先生と出会って、幼児という生き物がどんな本質を持っているのかを学びましたし、当初、課題として考えていた「思考力」が、本当に一部のトップ層の子どものための課題にすぎず、教育は、本来どんな子にも意味のあるものであるべきということを教えられました。

その上里先生が、「子どもの感じる心を伸ばすには、親御さんが感じたことを言葉で表現することだよ」と私に教えてくださいました。「その親御さんの言葉を毎

日聞いているうちに、子どもの感じる心は育っていく」というのです。

「フリージア、いい香りね」

「夕焼けがきれいだよ。ちょっと見にきてごらん」

「緑がだんだん濃くなってきたね」

「風が温かくなってきたわ」

「金木犀の匂いがする。秋だねー」

親御さんが感じたことを、そのつど言葉で表現する。そうすると、子どもは親のまねをする生き物ですから、その感情表現を子どもは自分の中に取り入れるのです。

親御さんが感動することはすばらしいことですが、それだけでは子どもに伝わりません。感動したことをあえて口に出して言うということが大事なのです。

子どもは感じ方がわからない

子どもはそこにあるものを、ただそういうものだと思って見ている。見方というか、変な言い方ですが、感じ方がわからないのですね。

私の場合で言うと、小さかった頃は、たとえば若葉の美しさなんて感じていなかったように思います。ただ、そこにあるものだとしか思っていませんでした。「初夏の新緑っていいもんだなー」と思ったのは、たしか16歳くらいのときでした。それからは、四季それぞれの美しさに感動するようになりました。

そういうものですから、大人が感じたことを言葉にしていかないと、子どもは見たもの、感じたことをどういう言葉で表現すればいいかがわからないのです。

お母さんは、四季折々に感じたことを言葉にして子どもに伝えてください。

「『梅一輪、一輪ほどのあたたかさ』ね」

「春先は三寒四温と言って、暖かくなっては、また寒さが戻ってくるのよ」「こういうのを梅雨の晴れ間と言うのよ」

「天高く馬肥ゆる秋」

「冬になったのに暖かいね。こういう日を小春日和と言うのよ」

「今夜はしんしんと底冷えするね」

こうして、感じたことと言葉を結びつけることで、感じる力が伸びていき、また言葉の力も伸びていくということになるのです。

こういうことが、読む力のベースになるのです。

3 漢字は家庭学習の勝負どころ

漢字だけは、泣こうが、わめこうが、やらせてください

次に、漢字のことをお話しします。

国語力がすべての学力の土台と言いましたが、漢字は国語力の土台です。つまり、漢字はすべての学力の土台の土台なのです。ですから、「やりたくない」では通用しないのです。

この土台をしっかり作っておかないと、国語力はもちろん、すべての学力に響いてきます。

私は親御さん方にいつも言っています、

「漢字だけは、泣こうが、わめこうが、やらせてください」

それを実行してくださった親御さんは、子どもが中学生になったときに、「ほんとうにやらせろと言ってくださって、ありがとうございました。漢字だけは困っていないです」と言います。

漢字学習というのは、小学校時代の一種の苦役です。私も大嫌いでした。これを喜んでやっている子など本当に少数です。たいていは親御さんや先生にほめられたいし、嫌われたくないから、忠実にやっているという感じですね。

漢字がわからないと勉強がスタートしない

日本語の場合、漢字の知識がないと、そもそも勉強がスタートしません。一つの文章で一つわからない漢字があったら、もう全体がぼやけてしまいます。

別に漢字なんかわからなくても平気だと思って生きている子はいっぱいいます。でも、学年が上がるにつれて、わからない漢字がどんどん増えてきて、それがどの教科にも出てくるとなると、もうギブアップです。

子どもはそこまで先のことは考えませんから、そこは親御さんが考えてあげる必要があるのです。

わからないことがあっても気にしないという感覚の子と、イヤだけどやるべきことはやりとげて、わからない漢字はないようにしようという子との違いはとても大きいと思います。

これは小さい頃からの意識の問題です。わからないことをわからないままにしておくと気分が悪いから、わかるまで人に聞いたり自分で調べたりする、というふうになれば、しめたものです。

国語でも算数でも、一つのところにつまずいて、それをいい加減にしておくと、そこから先へ進んでいけません。

「気持ちが悪いんなら、漢字だけはやりなさい」

義務教育は全員が確実にできることをやっているのです。毎日一つの漢字を覚えていくというようなことを地道に積み上げていく。これをいい加減にすると、全体が崩れてしまいます。

子どもはそこまでのことはわかりませんから、なんだかんだと理由をつけてサボろうとするでしょう。ですから、そこは親御さんに指導力を発揮してほしいのです。

子どもが、「今日はなんか気持ちが悪いから……」と言っていて、お母さんの目にはサボろうという意志に見えたとき、「気持ちが悪いんなら、しょうがないわね」と言うか、それとも、「気持ちが悪いんなら、漢字だけはやりなさい」と言うか。

やさしく、しかし毅然として指導してください。決してカッカしないで、落ち着いて低い声で言ってください。親御さんの毅然とした態度がとても大事なのです。

漢字学習は家庭学習の勝負どころです。漢字が読めない子、漢字が書けない子はあらゆる教科が伸びないと言っていいでしょう。

「がんばればできる！　できればうれしい！」という体験を

これは、嫌いなことでも、がんばってやればできるようになるし、できるようになればうれしい――という貴重な体験をすることです。これこそが勉強をするということです。これを体験したことのない子は、勉強をただやりたくないもの、嫌いなものとしか思えません。

　子どもは誰だって、勉強より遊びの方が好きです。でも、今の世の中、勉強しないで遊んでばかりいてメシが食っていけるほど甘くない。自分の将来の自由度を上げようと思えば、がんばって勉強するのが一番いいのです。自由に、やりたいことをやれる状況を作るために努力するということです。スポーツマンでも、努力しないで一流になった人なんて、一人もいないですから。

　子どもはほめて伸ばす――そのとおりです。しかし、やらなければ困ったことになる、たとえば漢字のようなものは、きちっとやらせる。そういう親御さんの態度がとても大事です。

　これは、厳しければいい、というのではありません。やらなければいけない大事なことはきちんとやるという家庭の文化です。子どもの将来のことを考えると、ここで手を抜いてはいけないな、という親御さんの「思いやり」から出てくることです。

漢字学習は親御さんがついていていてもいい

子どもに漢字の勉強をさせるとき、親は一緒についていた方がいいのですか？　と聞かれることがありますが、最初はついていた方がいいと思います。漢字と計算は親御さんがついていても、長期的なトラウマとか、トラブルにはならないのです。

漢字のテストをしたときに、その子の能力からすれば、もっと高得点をとれてもいいはずなのに、明らかに点数が低いときがありました。おそらくは勉強をサボっていたのだと思います。

ただ、その時期にある一定の点数を越えていないと、その後にあと伸びしていかないという全体的な傾向があったため、その状況について親御さんに相談したことがありました。すると、危機感を抱いたお父さんが、その子にずっと張り付いて漢字学習の特訓をしてくれたおかげで、その子の漢字の能力はみるみると上がっていったというケースがありました。だから、漢字学習は親御さんが付きっきりになるのは効果的だと思います。

一方で、文章題を解こうとするときに横に親御さんがつくと、もう勉強そのものがイヤになってしまうことは多いのです。それは理解の問題になってしまうからです。

理解できなくて困っていることに対して、親御さんが感情的になって、「何でわからないの？　さっき説明したでしょ！　何回言えばわかるの！」というような有害無益なＮＧワードで子どもを乱打する。これで、どんどん勉強そのものがいやになってしまいます。

子どもの「親好き」というベースは変わらないのですが、勉強になると、とたんにイヤな親御さんに変身してしまうと子どもは感じるのです。

漢字や計算はやらなければいけないということを、子どもは心の中ではわかっているのです。でもイヤだな、面倒くさいな、逃げたいな、と思っているときに、横についていてくれるのは、むしろ支えられているようでいいのです。それでも力がつかないということになっても、それは自分がちゃんとやらないから悪いんだということがわかっていますから、傷にはなりません。ですから、小学校1、2年生のうちは、堂々と横についてやっていいと思います。

文章題など理解できないことに対して、イヤなことを言われると、本当にイヤになる。その違いは重要です。

4 「書く力」をつける

「正しく言う・正しく書く」が最優先課題

次に、書く力を育てるにはどうすればいいかという問題に入ります。

「読む」、「聞く」をインプットと考えると、「書く」、「言う」がアウトプットで、国語の二つの大きなテーマです。

書く前に、言うことが問題になります。言うというときに、一つは「正しく言う」、もう一つは「豊かに面白く言う」という二つの課題があります。『16歳の教科書』（講談社刊）で金田一秀穂さんが、「正しく」を最優先するべきだ、と書いていましたが、そのとおりだと思います。

たとえば、私の中3の教え子に、こういう子がいました。その子は数学のイメージ力などは豊かで柔軟性もあり、他人が解けないような難問でもクリアできる、ある種のギフトを授かっている子でした。

しかしその天賦《てんぷ》の力に比べて、国語だけがちょっと成績が悪い。そんな彼に、数学の証明問題の解答を黒板に書いて説明させたときのことです。1行目にこうありました。「1〜6まで、最小公倍数は」。「どこかおかしくない?」と、何度問い詰めても理解できません。そこで、「ここが変でしょう。日本語になってないよ。『1〜6までの6つの数の最小公倍数は』と書くべきでしょう」と説明してあげると、「そっか!」と言っている。前途多難を感じさせた瞬間です。

「正しく語り、正しく書く」ことへのこだわり・集中が育っていない子の、これは典型的な姿です。細部でもきちんとした日本語を語り、しっかりした日本語を書けることが、いかに大事かということです。

つまり、よく「感じたことを書きなさい」というようなことを言うけれど、その前に、正しく書くことを教えないと書く力は伸びないということです。当たり前のことですが、正しく書くことが基本ですから。感じたことを書くだけなら、「楽しかったです」、「良かったです」でいいのですが、それで終わってしまって、読む人に伝わるものが何もありません。

「道順遊び」で正しい言い方をトレーニング

正しく言う、ということを問題にするとき、よく私たち塾の現場で子どもたちに試すのが、道順を言わせることです。これをやると、正しく言えるかどうかが一発でわかります。

その際、子どもがよくやるのは、「途中で左にスーパーの○○が見えるんだけど」というような不要な情報をいっぱい付け加えることです。必要なことが抜けたらダメですが、余計なことを付け加えてもダメなのです。相手にわかるように、論理的に、過不足なく、簡潔に、正確に言わないと、相手は目的地にたどり着けません。

親御さんも、遊び感覚で、子どもに道順を聞いてみてください。駅から家までの道順、逆に家から駅へ行く道順、学校やスーパーや友だちの家への道順。結構むずかしいですから、初めはうまくできないでしょうが、あくまでも遊び感覚で子どもと一緒に楽しんでください。

この「道順遊び」はなかなか奥が深くて、相手の立場に立ってものを言うことが要求される遊びでもあるのです。

駅からわが家への道順を言う場合、初めてわが家を訪問する人の立場に立たないと、正しい道順を伝えることはできません。「ちょっと歩いて、そこの角を右へ」などと言っても、自分はわかっているからいいけれど、初めての人には、それではわかりませんね。

たとえば、相手が杖をついたお年寄りである場合、いきなり、「駅の階段を降りて……」ではダメで、まずエレベーターかエスカレーターへの行き方から始める、というように、人の立場に立つという能力が必要になります。そういう能力を遊びながら鍛える「道順遊び」をぜひやってみてください。

人の立場に立つことを教える

国語の力を伸ばすというとき、小学校5、6年生からは、他者性、つまり人の立場に立つということを教えなければなりません。

1、2年生にそれを求めても無理なのです。「ぼくね、あのね」と言って、見たこと聞いたことをそのまま言う。そういう発達段階ですから、それでいい。

でも、5年生になると、相手の立場に立って言う、相手の立場に立って読み取る、相手の立場に立って書く、ということができないと、相手に自分の言いたいことが伝わらない、また出題者の意図が読み取れない、ということになってしまいます。高学年の大テーマは他者性ということですね。

この他者性は、私のように先生業をしているものには絶対必要な力です。

子どもがわからなくて困っているとき、他者性のある先生は、その子の立場に立っていろいろ考えて、「ん？　この言葉の意味はわかる？」、「ここまではだいじょうぶなんだね？」と、細かくステップごとに理解しているかどうかを確認し、相手の「わからない状態」を真剣に想像して、「ああ、そうか、ここがわからないんだ！」と気づくことができます。これは先生業の醍醐味であり、もっとも集中力を要する瞬間でもあります。ところが、他者性のない先生は、「何でわからないの？」とやってしまいます。本来の役割を放棄して、切って捨てているのです。「何でわからないの？」と言われて伸びる子なんて一人もいません。

思いやり、共感力、他者性、言葉は違いますが、人の立場に立つという点では共通していますね。「そんなこと勉強には関係ない」と思ったら大間違いです。

耳で聞いて覚える低学年・ノート学習の高学年

とにかく親御さんには、親子、夫婦でたくさん会話ができるように心がけてほしいですね。

私は親御さんにいつも言っているのですが、低学年までは、耳学問の時代なのです。いろんな言葉を聞いて、人に「これなあに?」と聞いて、耳で聞いたものをちゃんと覚える。さらには、意味がわからなくても、聞いたことをすぐ口に出して覚えてしまう時期です。すごい記憶力です。だから、親子でたくさん会話をするというのが圧倒的に大事なのです。

その土台の上で、4年生からは、「ことばノート」を作る。わからない言葉があったら、とにかくそれに全部書き溜めていく。言葉を書いて、読み方を書いて、意味を書いておく、そういうノートです。4年生から先は、そうやってきちんと書いて、ノートに残して覚えていく時代です。これは一生の宝物になります。私は今でも「ことばノート」を定期的に作っています。それを言うと子どもたちは、「えーっ!」と言って驚いています。

低学年と高学年とでは勉強のやり方が全部違ってきます。4年生になると、長文が読めるようになるとか、論理的思考ができるようになるとか、鍛錬を好むようになるとか、むずかしいことほどおもしろがってやるようになるとか、いろんな点で徐々に変わってきます。それが、6年生になると、そういった部分がグーンと伸びるときを迎えます。

「勉強しなさい」と言う前に、効果的な勉強の仕方を教えてあげる

「言葉は生きた文章の中で覚えましょう」とよく言われますし、そのとおりだと思うのですが、それだけを待っているとと経験値が足りなくて、積み上がらないから、一冊のドリルをコツコツと制覇していくという練習もやっぱり大事です。

それともう一つは、わからなかったら、いつでもどんどん自分の「漢字ノート」や「ことばノート」に書き溜めていくということ。これが国語学習の両輪です。それをしっかりやり始められるのが、現場の感覚では4、5年生からですね。

溜めた「ことばノート」も「漢字ノート」も、ときどきテストをしています。これは、ただ残すだけではなく、テストするものなのです。形式だけになってはいけません。ある程度時間を置いたら、部分的に隠して、意味がわかっているか

り）

「漢字の一部分だけまちがえちゃう
ことが多いなあ…」
という場合には、書き順の練習も
するのがオススメだよ！

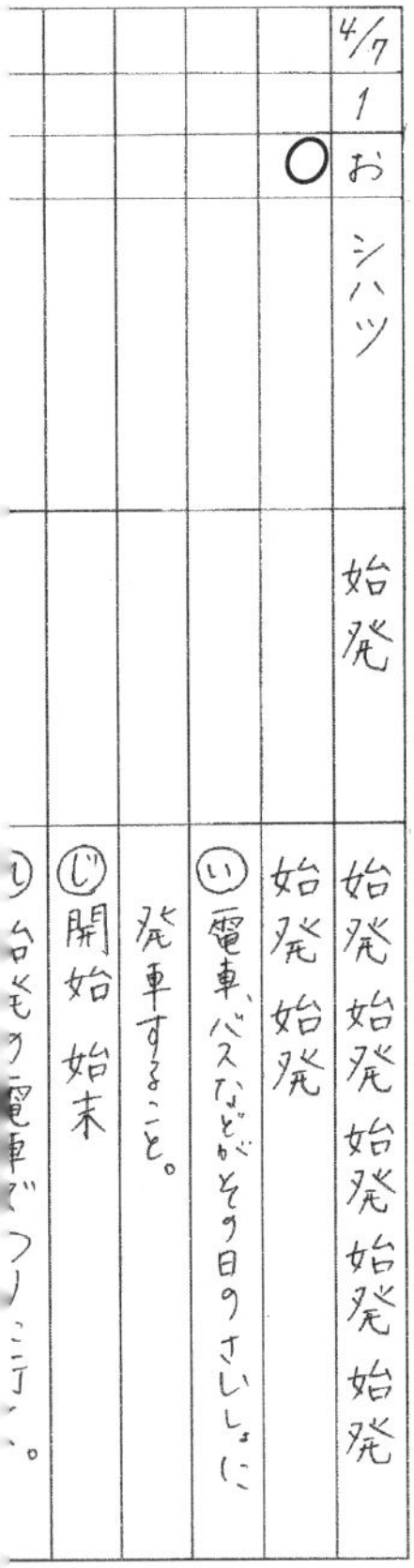

① 練習した日
② 番号
③ お＝音読み く＝訓読み
④ 読み

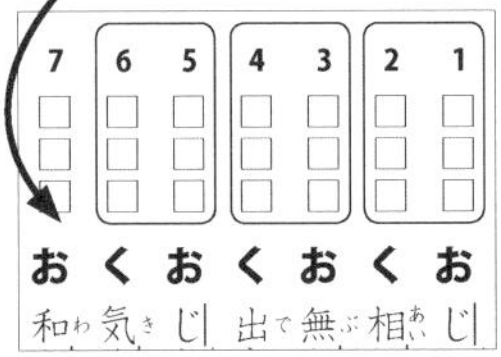

⑤ お手本

※ここを間違《まちが》えたら練習も間違《まちが》えます。
気をつけよう！

⑥ 練習（回数は「形を覚えるまで」）

自分にきびしく！

❼ ㋑＝その言葉の意味
❽ ㋛＝その漢字を使ったほかの熟語
❾ ㋹＝例文

❼❽❾はやると得点アップ！
その漢字について思い出すきっかけ
となる情報《じょうほう》をたくさん入れておくと、
テストで思い出しやすくなるよ。

【花漢ノート法レクチャー】

漢 hanakan 1日の練習セット

1．ノートをつくって練習（何個やるかは自分の立てたスケジュ

2．練習した分の「読み」テスト…①②③④をかくして「読める

3．練習した分の「書き」テスト…⑤より下をかくして「書ける

→「書けるかテスト」の結果《けっか》を○×チェックで書きこむ

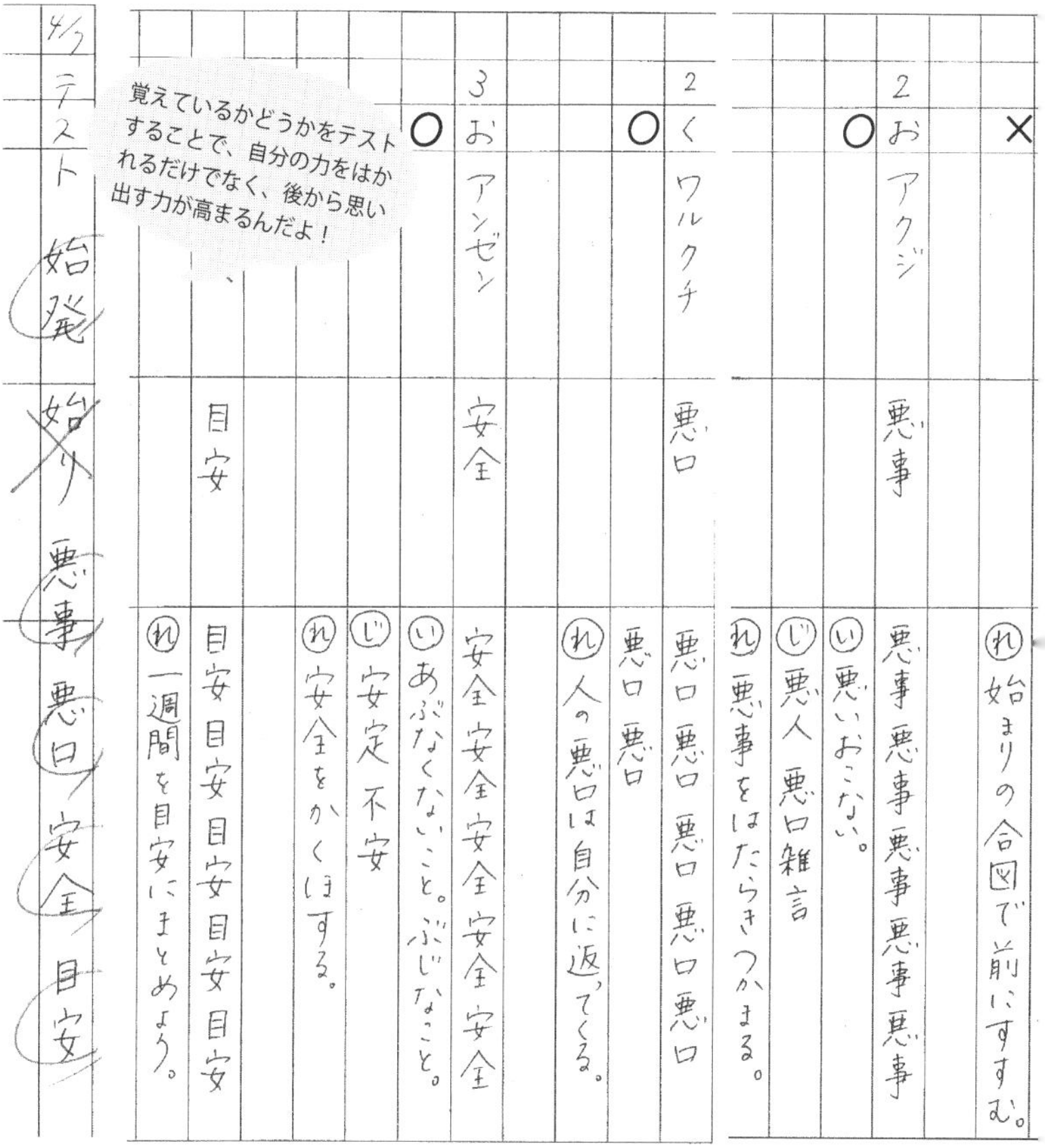

どうかをチェックしていく。それが生きたノートの使い方です。

ノート勉強ができるようになるのは高学年からですね。花まる学習会の高学年以降の進学部門・スクールFCの一番の売り物はノート学習です。勉強は自分でするものですから、洗練されたノートの実例をたたき台に、自分たちでどんどん使いやすいものにしていくといいのです。これをやった子は伸びます。

勉強ができるようになるためには、勉強が効果的にできる仕組みを作っておくといいということです。そして、その仕組みを自分の中に構築し始めるのが高学年からなのです。

「勉強しなさい！」と言われても、どういうふうに勉強をしたらいいのかがわからない子が多いのです。そういう子には、「勉強しなさい！」という前に、やりやすくて効果的な勉強の仕方を教えてやることが先決です。

単語ことば――察しの悪い親になる

子どもの言葉の発達には家庭での会話が大事だと言っても、問題なのは夫婦の会話の乏しさです。現代の夫婦関係ではかなり少なくなっていると思いますが、

「ふろ」、「めし」、「ねる」に代表されるお父さんの単語ことばです。そうすると、子どももそれをまねします。ときどき、「先生、消しゴム！」という言い方をしてくる子がいます。そういうとき、私はわざとわからないふりをします。

「君は消しゴムなの？」

「先生、何言ってるんですか？」

「いや、君こそ何を言ってるの？」

というふうな会話をして、

「まだわからない？」

「ああ、わかりました。今日、消しゴムを忘れたので貸してください」

というように、ちゃんと意味の通じる文にさせます。

子どもが「牛乳！」と言ったときに、お母さんはどうしていますか？「ハイ、ハイ」と言って、コップに牛乳をついで、持って行っていませんか？

こういうときは、「牛乳がどうかしたの？」と、とぼけて言ってくださるといいのです。そうすると子どもは、「牛乳をください」とちゃんと意味の通じることを言うようになるでしょう。

お母さんの察しが良すぎると、子どもの国語力は伸び悩んでしまいます。こういうことは、小学校低学年までに習慣づけることです。それには、まずお父さんが単語ことばをやめること、それから、お母さんがもっと察しの悪いお母さんになって、単語ことばが出てきたらわからないふりをすることです。

それから、たくさん会話をするのがいいと言っても、お母さんばかりがしゃべるというのでは、子どもはかえって無口になることもあります。子どもが何か一つ言ったら、お母さんから10倍の言葉が返ってくる、となると、子どもはその一つも言わなくなるというケースは多いですよ。

2章

学力に直結する読書と作文

1 読書と国語力

読書と精読の違い

読書と学力の関係ですが、読書をいっぱいした子たちの学力が高くなる傾向はあります。実際にそのような論文もいつくか出ていますし、私の現場の実感としてもおおむね間違いないと思います。ただ、本は読んでいるけれど文章題が読み切れないというようなことや、本はいっぱい読んでいるけれど国語の長文読解が意外と苦手だということがあるのも事実なので、それがなぜかということも考えなければなりません。

この本のテーマは、家庭で学力の土台になる国語力をつけるためにはどうすればいいのか？　ということなので、漠然と読書さえしていればいいんだ、とは言えないことも、お父さん、お母さんには知っておいてほしいと思います。

読書を礼賛しすぎてしまうと、意外な落とし穴に落ちてしまうことがあります。むしろ外遊びばかりして、本などを全然読んでいない子が文章題をきちんと読み切ったりすることもあるのです。

それはなぜかと言うと、読むということには、漫然と読む「漫読」としっかりと緻密に読む「精読」の二通りの読み方があるからなのです。

慢読と精読とでは、同じ「読む」でもまったく別のことなのです。

読書は楽しければいいわけですから、意外と読み落としや誤読をしていることが多いのですが、自分なりのイメージをふくらませて楽しんでいるのだから、それはそれでいいのです。本が好きになり、活字が好きになると、肯定的で意欲的な気持ちになるのですから、あふれるような漫読の時間の豊富さもあってしかるべきです。

それに対して精読は、楽しみというよりは、仕事、義務に近く、最大限の集中力を発揮して、「読み落とさないぞ！」という意志で読み取り切ることなので、大変なことなのです。ここで親御さんにわかっていただきたいのは――①漫読（一般的な読書）と精読（文章題を読む読み方）は別のもの。②それぞれに意義があり、どちらも大事。③漫読をたくさんやってもかならずしも精読力はつかない。④精読力は精読力としてきちんと訓練してつけてあげなければならない。――という4つのことです。これを頭に入れた上で、子どもに読書を勧めてくださるといいと思います。

子どもが読書好きになる三つのルート

①絵本の読み聞かせから読書へ

親御さんがどういう働きかけをすると子どもが本を読むようになるか、ということが親御さんの課題だと思うのですが、現場で見ていると、本を読むようになるのには三つのパターンがあるようです。

一つは、絵本の読み聞かせが成功した場合です。

子どもは読み聞かせから自分で読むようになり、ごく自然に読書の世界に入っていきます。

ただ、いつもこうなればいいのですが、ある子にはうまくいっても、別の子にはうまくいかないことがしょっちゅう起こるのです。男女差も若干あるようなのですが、女の子でもうまくいかないことがあります。以前、活発な小3の女の子のお母さんの話を聞かせてもらったのですが、この方もやはり読み聞かせに失敗したそうです。女の子が3歳のときに、お母さんがよかれと思って寝ている子の横で一生懸命本を読んでいると、「ママうるさい！　シーッ」と言って、グーグー眠ってしまったそうです。

お母さんの読み聞かせ方とその絵本、そしてその子の感性がうまくフィットしたときに成功するのでしょう。

これは幼稚園の頃からの親子の習慣からはぐくまれるものですから、小学生になってから、「さあ始めよう！」というのは少々無理です。

②親が読書好きというケース

それから2番目のパターンは、お母さんかお父さんが本の虫という場合です。本ばかり読んでいるような親御さんの子は、だいたい読書が好きになります。

以前、とても成績のいい女の子がいて、その子が2年生のとき、お母さんと一緒に花まる学習会の教室の廊下で保護者面談の順番待ちをしていたのですが、お母さんは座るとすぐにバッグから本を出して読み始めました。1分でも1秒でも早く本が読みたいという感じなのです。すると、隣に座った子どももお母さんと同じようにバッグから本を取り出して読み始めました。二人とも周りのことは一切眼中になしという感じで、読書に没入しているのです。

この年齢の子どもは、親の行動を本当によく見ていますから、毎日毎日これが繰り返される。その積み重ねは大変なものです。これはお母さん、お父さんが本の虫だと、子どもの成績が伸びるという典型的な例です。

③思春期に悩みを解決してくれる本に出会う

3番目は、どちらかといえば、男の子に多いパターンです。

小学校4年生くらいになって、「先生、本当にウチの子本を読まないんです。どうしたらいいんでしょう?」と言ってくる場合は、そこで焦ってもだいたい無理なのです。親御さんが、将来役に立つからとか、学力の基礎なんだからとか、説き聞かせて、子どもに読ませたい本を押しつけると、むしろ本嫌いにさせるだけです。読書感想文などを書かせて、しかもそれにけちをつけるようなことをすると、もう完全に読書が嫌いになります。だから、そんなときはいったん諦めて、次の機会を待つのが得策です。

次の機会は思春期にきます。

中学生になると、新しいフィールドで部活が始まり、みんなが親から距離をとる。今までの小学校のテストと全然違う中間テスト・期末テスト。その成績で行ける高校も決まる内申にかかわる勉強が、1年の1学期からスタートします。

そして性の悩みが始まります。体に第二次性徴が現れて、恋をして、自分だけ背が低いとか、唇の形が気に入らないとか、好きな人には彼女がいるみたいとか、ワーッといろんな性の悩みが起こってくる。

同時に、「なぜ学校に行かなければいけないんだろう?」、「そもそもどうして生きていかなければならないのだろう?」、「どう生きるべきなのか?」……と、人生全般に対する哲学的な悩みもあふれてきます。そういうときに本に出会って悩みを解決した子は、「本っていいなぁ」となるのです。

本の中に自分の悩みを解決してくれる言葉があるのです。そういう本を上手に提示してあげると、本を読むのが好きな子になります。

思春期に読書に目覚めた私の場合

私は典型的な本を読まない小学生でした。理由は、シスターコンプレックスです。姉が大変な読書家だったから、それに対してコンプレックスがあったのです。

そして思春期に入った頃に、なぜか母親の態度や言葉が気になって、イライラしてしまう状態が続きました。私に対してそんなに口出しする母ではなかったのですが、口出しされるとなぜかイライラするのです。

そういうときに、元ザ・フォーク・クルセダーズの北山修さんの『戦争を知らない子供たち』（角川文庫）という本を、「これ読めば」と言って、いとこがくれたのです。その本が私には響きました。

そこに、「思春期に入ったら、親を頭脳的には抜いているんだから、もうこっちが思いやる時代になってしまったんだぞ」というようなことが書いてあったのです。それが、そのときの私の胸にストンと落ちて、ああ、だから最近母親が小さく見えるように思ったのかとか、なんでこんなに理屈が通らないことばかり言うのだろうと思ったけれど、自分の方が理屈が立つ年齢になったのだから、むしろこちらが意識を変えなければいけないのだ、ということを思い知って、「ああ、そうか、そうか」となったのです。

そうなると、北山修さんという人が大好きになるわけですね。そこから読書のおもしろさに目覚めて、夏目漱石、小林秀雄、筒井康孝、チェーホフ、カミュ、トルストイ、ドストエフスキーなど、いろんな本を読むようになる。読書が、心を支えるために欠かせないものになりました。

こういう私のようなケースは、とても多いと思います。

この場合、入口は何でもいいのです。それこそ、親御さんから見たら安っぽいタレント本的な本でも、とっかかりとしては何でもいいと思います。とりあえず、すごく共感するものがあるという本を1冊きちんと読み切ることで、読書のおもしろさを知る。そこから、もう1冊、もう1冊と読書の世界に入っていく。

こういう読書への入り方があるのだから、親御さんは焦らずに思春期を待ってください。でも、そのときに、親御さんが待ち構えていて、「この本読むといいよ」と言うと、もう読みたくなくなる。むずかしいところです。

だから親以外の第三者が本を紹介してくれるといいですね。斜めの関係と言うのでしょうか、親でも先生でもない、ちょっと年長の人、私の場合はいとこだったのですが、そういう人から言われると、不思議にすなおに受け取れる。

ですから、親御さんとしては、そういう人を見つけて、その人におまかせするということを考えてもいいのでは、と思います。

読書ノートを作ってやろう

それから、この花まる学習会の社員の中にも、「ああ、この人は言葉の力があるな」と思う人がいますが、私がそう感じた人たちのうち何人かは、みんな幼稚園時代から読書ノートをつけていました。本を読んで、丁寧に自分の感想を言語化していたのです。

幼稚園時代は親御さんが聞き取って書いてあげているのです。「こんなことを言っていました」、「ナントカさんかわいそうやなーと言っていました」というようなことが書いてあるだけなのです。しかし、本を読んで、1冊1冊そういうことをやっていくというのは非常に大事な作業だと思います。

せっかく時間をかけて本を読んだのですから、ちょっと立ち止まって、言葉にしてその感想を言っていくということが大事なのです。この親御さんのやり方はすごくいいですね。

この人たちの言葉のレベルが他の人とは全然違うのです。まるで詩人のように、言葉を吟味して言っているというのが伝わってくる。それは親御さんの教育の成果だと思います。

このうちの一人は、20代で花まる学習会の取締役になりました。そして、若くして低学年の子どもたちに解かせる新しい国語の問題集『国語なぞぺー』（草思社刊）の主著者になり、のちのアートを通じた人間教育の方向性を示した『こころと頭を同時に伸ばすＡＩの子育て』でも世の中にインパクトを与えました。それは、まさに言葉のレベルの高さを証明していると言えるでしょう。

本を読まない子には「読書ラリー」

ちなみに、花まる学習会で小学校1年生から預かって、本を読まない子たちにどうアプローチしているかと言うと、読書ラリーというものをやります。

ラリー表を作って、読書したらそれにポイントをつける。何だかモチベーションとしては気高くはないのですが……。ポイントがつくことが励みになって、子どもたちは喜んでやっています。これは、とにもかくにも現実に読書の量を上げるきっかけを作ることが目的でやっていますが、たとえば、読まない子を読む子にする方法としてはとても有効です。

やんちゃタイプの男の子は、勝負とか競争が好きですから、張り切って読むようになります。

1年生で1年間に2万ページを超す子もたくさんいます。この読書量は、何もしないでいる子に比べると圧倒的に多い。それは、「みんなが読むから俺も読まなきゃ」というラリーの効果です。「200ページも今週読んできたなんて、すごいねー」と言って、みんなでワーワーやっていると、「よし、俺も」となります。

これは長期的に安定して成功している方法です。

読書を家庭文化に

ただ本当に読書が好きで読んでいる子には、これは無理強いしません。そんなことのために読んでいるわけではないので……。「この子はやめましょうか」ということが実際あります。本当はそれが一番いいのです。

そういう意味で言うと、家庭の一つの文化として、「読みなさい！」ではなく

【読書ラリーのサンプル】

読書《どくしょ》ラリー

1 枚目《まいめ》

このラリーのゴールは
200 ページだよ！

1 2 3 4 5 6 7 8 9 10
11 12 13 14 15 16 17 18 19 20
21 22 23 24 25 26 27 28 29 30
31

名前《なまえ》＿＿＿＿＿＿＿＿＿＿＿＿

おすすめ本！今回《こんかい》のテーマは…「教室《きょうしつ》」

● 『おはなしきょうしつ』　さいとうしのぶ 作《さく》・絵《え》／63 ページ／PHP 研究所《けんきゅうしょ》

鉛筆《えんぴつ》や筆箱《ふでばこ》、リコーダーとピアニカ、ランドセルなど、教《きょう》室《しつ》にある身近《みぢか》なものたちが、愉快《ゆかい》な会話《かいわ》を繰《く》り広《ひろ》げます。子《こ》どもたちには内緒《ないしょ》で、どんな話《はなし》をしているのかな？ 短《みじか》いお話《はなし》がたくさん載《の》っています。

自分《じぶん》の持《も》ち物《もの》だったら、こんな風《ふう》にお話《はなし》するかな…と想像《そうぞう》してみるのも面白《おもしろ》そう！

● 『飛《と》ぶ教室《きょうしつ》』　ケストナー 作《さく》／若松《わかまつ》宣子《のりこ》訳《やく》／245 ページ／偕成社《かいせいしゃ》

ドイツの寄宿学校《きしゅくがっこう》の少年《しょうねん》たちが主人公《しゅじんこう》。ある日《ひ》、敵対《てきたい》している学校《がっこう》の生徒《せいと》たちに同級生《どうきゅうせい》がさらわれてしまいます。先《せん》生《せい》の許可《きょか》も得《え》ずに学校《がっこう》を飛《と》び出《だ》し、友《とも》だちを救《すく》いに行《い》く少《しょう》年《ねん》たち。でも「正義先生《せいぎせんせい》」は彼《かれ》らに罰《ばつ》は与《あた》えませんでした。

「正義先生《せいぎせんせい》」「禁煙先生《きんえんせんせい》」と少《しょう》年《ねん》たちの絆《きずな》に胸《むね》が温《あたた》かくなります。高学年《こうがくねん》におすすめの1冊《さつ》。

おうちのかたへ

・読書ラリーは、ご家庭での読書量を増やすことを目的にしています。
・連絡帳への記入をお願いします。
　毎週教室に来る前に、「一週間で読んだページ数／これまでの総ページ数」を記入していただきます。
　　例　1 週目に 100 ページ読んだ→ 100/100
　　　　2 週目に 50 ページ読んだ→ 50/150
・終了した読書ラリーはお家へ持って帰ります。
・2 枚目のゴールは 400 ページです。

花まる学習会

rally_b

【読書ラリーのサンプル】

読書《どくしょ》ラリー

5 枚目《まいめ》

このラリーのゴールは
5000 ページだよ！

❶❷❸❹❺⑥⑦⑧⑨⑩
⑪⑫⑬⑭⑮⑯⑰⑱⑲⑳
㉑㉒㉓㉔㉕㉖㉗㉘㉙㉚
㉛

名前《なまえ》＿＿＿＿＿＿＿＿＿＿＿＿

部首《ぶしゅ》シリーズ！今回《こんかい》は「水《みず》」！

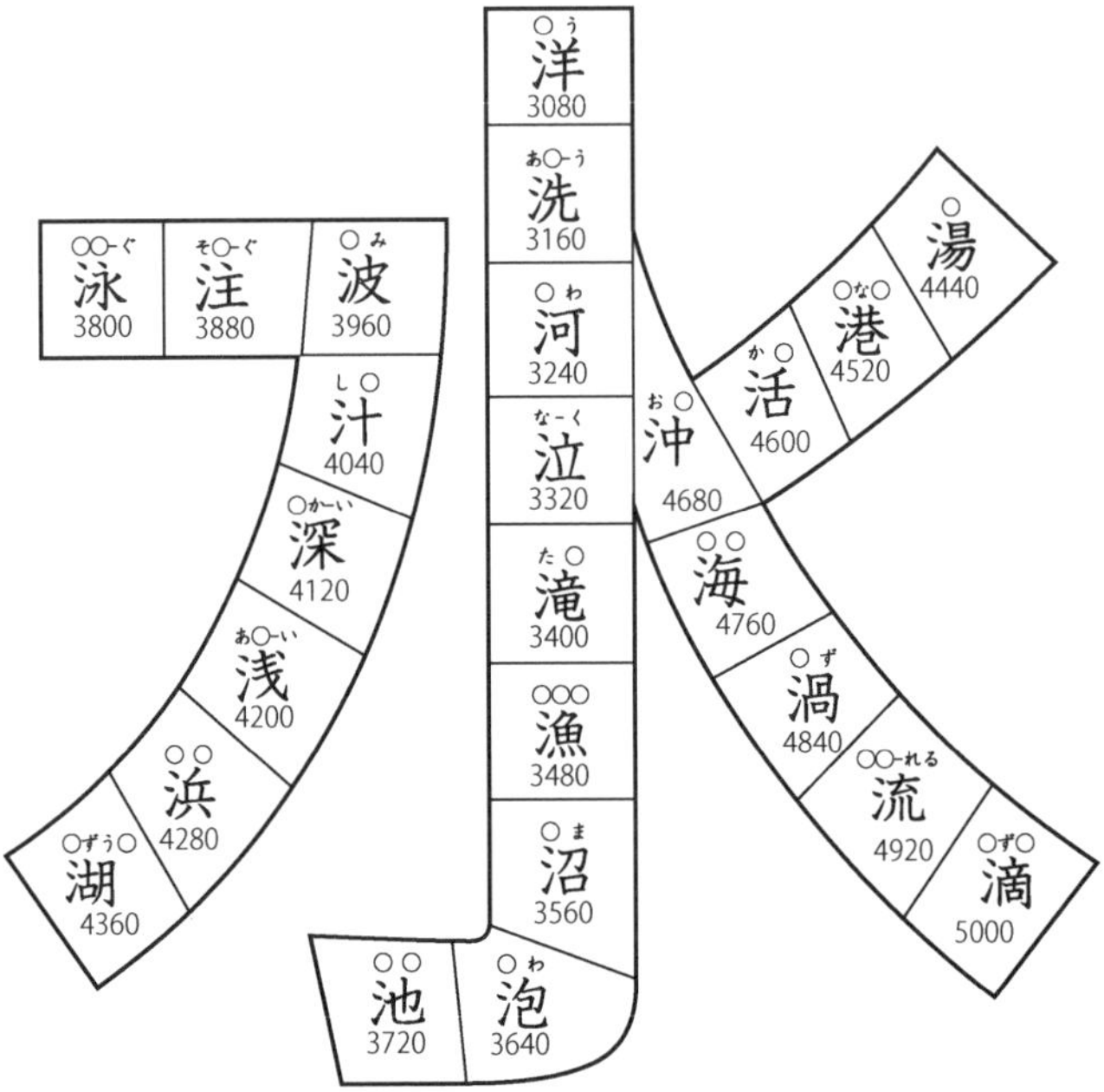

おうちのかたへ

- 読書ラリーは、ご家庭での読書量を増やすことを目的にしています。
- 連絡帳への記入をお願いします。
  毎週教室に来る前に、「一週間で読んだページ数／これまでの総ページ数」を記入していただきます。
  例　1 週目に 100 ページ読んだ→ 100/100
  　　2 週目に 50 ページ読んだ→ 50/150
- 終了した読書ラリーはお家へ持って帰ります。
- **6 枚目のゴールは 7000 ページです。**

HANAMARU 花まる学習会

rally_b

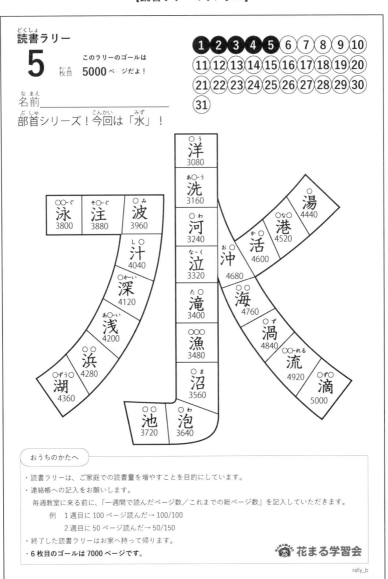

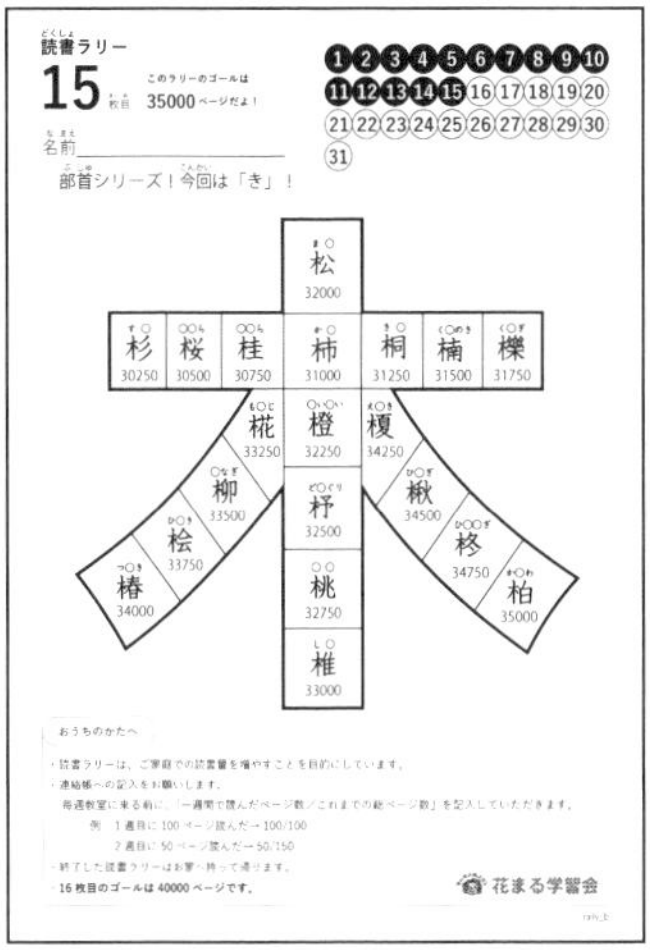

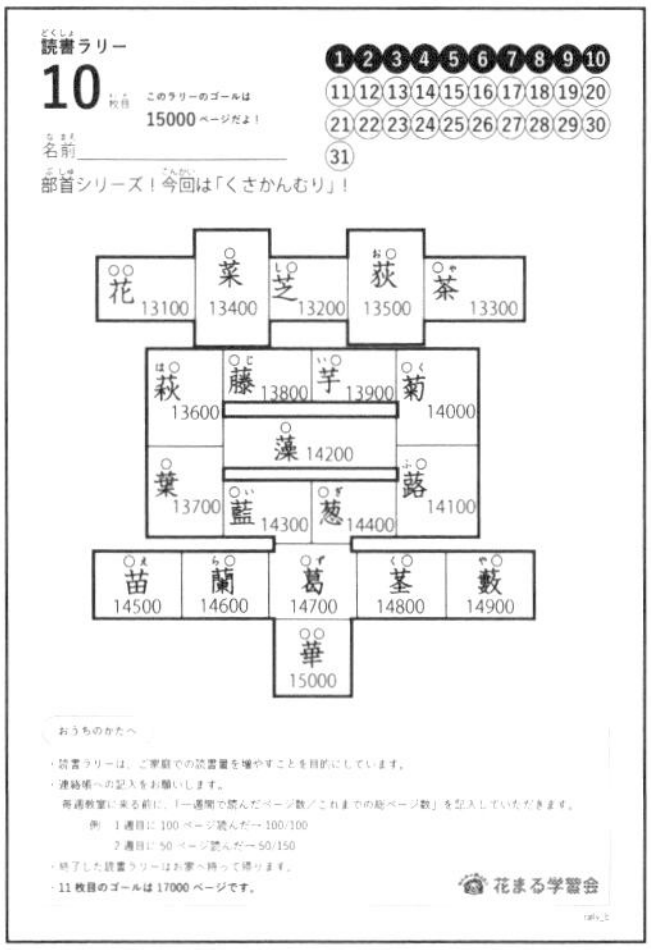

【読書ラリー　ページ表のサンプル】

読書ラリー ページ表《ひょう》

「スタートページ数」の数字をこえたら、新しいラリー表をもらいにいこう！

枚数	スタートページ数	1枚あたりのページ数
2枚目《まいめ》	201～	200ページ
3枚目《まいめ》	401～	600ページ
4枚目《まいめ》	1001～	2000ページ
5枚目《まいめ》	3001～	
6枚目《まいめ》	5001～	
7枚目《まいめ》	7001～	
8枚目《まいめ》	9001～	
9枚目《まいめ》	11001～	
10枚目《まいめ》	13001～	
11枚目《まいめ》	15001～	
12枚目《まいめ》	17001～	3000ページ
13枚目《まいめ》	20001～	5000ページ
14枚目《まいめ》	25001～	
15枚目《まいめ》	30001～	
16枚目《まいめ》	35001～	5000ページ
17枚目《まいめ》	40001～	
18枚目《まいめ》	45001～	
19枚目《まいめ》	50001～	10000ページ
20枚目《まいめ》	60001～	
21枚目《まいめ》	70001～	
22枚目《まいめ》	80001～	
23枚目《まいめ》	90001～	
24枚目《まいめ》	100001～	50000ページ
25枚目《まいめ》	150001～	
26枚目《まいめ》	200001～	
27枚目《まいめ》	250001～	
28枚目《まいめ》	300001～	
29枚目《まいめ》	350001～	
30枚目《まいめ》	400001～	
31枚目《まいめ》	450001～	
殿堂入り《でんどういり》	500001～	おめでとう！

て、親御さんが読む、読書に熱中している姿を見せる、というのが一番いいのです。

「お母さん、早くご飯作ってよ！」

「ごめん、ちょっと待って！　ここまで読んだら作るからね」

というような感じでしょうか。こういう家庭では、子どもは親御さんが何も言わなくても、本を読むようになることが多いのです。

今までたくさんの子どもを見てきて、子どもの自発的読書欲を引き出すためには、親御さんが本を読む姿を見せることの方が圧倒的に効果があると実感しています。

しかし、読書という家庭文化は一朝一夕にして作れるものではありませんから、実際問題として小学校低学年で本を読まない子にどうしたらいいか？　ということですが、音読から入るのが一つの方法です。一斉にみんなで音読するのをいやがる低学年の子はいません。それくらい音や声には反応する時代なのです。子どもにとって音読は楽しいし、体が喜ぶことなのです。

家庭では、子どもが音読するのを聞いていてもいいし、いっしょに音読してもいいし、2、3文ずつ交互に音読してもいいでしょう。親子で音読をすることで、一つの物語を読み切ることができます。子どもは音読が大好きですから、こうして音読から読書の世界へ導くという試みもぜひやってみてほしいですね。

どんな本を読ませたらいいのか？

「どんな本を読ませたらいいんですか？」

よく親御さんたちに聞かれるのですが、最初は活字そのものとか、本的なものを好きになるということで十分だと思います。

だから図鑑だとか、ゲームの攻略本でも活字は活字で、私はそれはそれで問題ないと思っています。図鑑好きというのは、もうとめられないですからね。それはそのまま図鑑に熱中させておけば、活字を拾い読みすることになります。

ある年のサマーキャンプで、私が「このふかふかの葉っぱはね」と言ったら、1年生の男の子が前へ出てきて、「先生、それ、腐葉土のことですよね！」と言うのです。その子は図鑑が大好きな子で、図鑑に腐葉土という言葉があったのですね。それで腐葉土という言葉を知っている。そこで、周りも「うわー、すっごー！」と言って感嘆しました。それがまたその子の活字を読むことへのエネルギーになる。その子はのちに東大へ行きました。

だから、「そんな本じゃなくて、こういう名作を読みなさい」と親御さんは言いたいでしょうが、まずは、その子が好きな本に没頭させてあげることです。

それから、「マンガ大好き！」という子どもが多いですね。マンガは活字の本とは違う、魅力と価値がありますから、そこは認めなければいけないでしょう。

たとえば、日本の歴史をマンガでしっかり覚える子どももいますし、手塚治虫のように内容の豊かなマンガもありますから、マンガと言っても千差万別です。ただ、マンガばかり読んでいても、子どもの年齢が上がるにつれて、マンガだけではだんだん物足りなくなってくるものです。マンガを否定するのではなく、そこから活字の本へうまく橋渡しをしてやれたらいいですね。

2 生きる力・作文力をつける

「メシが食える」作文力を

国語の力という点では、作文は非常に大事なものです。今の社会では、作文は、学力だけではなく、生きる力に直結しています。

国語の場合、インプットの部分は、読書、会話、ドリル、学校の先生、漢字の学習などいろいろあります。しかし、アウトプットは最終的に作文に尽きると思います。

もちろん、口頭で魅力的な表現ができることは大事なのですが、現実にすてきなしゃべり方ができる人は、例外なくきちんとした文章が書けるようです。つまり、力のある文章、人を動かす文章を書けるように育てるという目標を見定めることが大事なのです。そうすれば口頭の表現もついてくるのです。黒柳徹子さんや安住紳一郎さんのように、「立て板に水」とはいかないかもしれませんが、「しっかりした話」ができるようにはなると確信しています。

自分が生きていて、どう考え、何を感じ、何を言いたいのかを人に伝えることは、生きる力の土台です。好きな人に、「好きです」と言えなければいけないし、ただ好きと言うだけでは足りなくて、口説き落とすためにあらゆる言葉を尽くして、あなたがいかに自分にとって大事なものであるか、ということを相手に伝わるように表現しなければなりません。そのように、自分の考えや思いを言葉にして相手に伝える――その基礎が作文なのです

こういう仕事をしているとよくわかりますが、「作文力がある人」イコール「仕事ができる人」です。そして逆も真です。だいたい比例しているのです。

日報や企画書を書かせたら、一発でわかります。作文力のない人の日報は形式的なことが特徴です。すごく大事なことに気づいたフリもよく入っているのですが、「読める人」が読めば、浅い内容であることがわかってしまいます。結局、「一日を充実させ、自分なりの言葉として大切に形にしておこう」という生き方を青年期にしていないということなのでしょうね。

また、作文力のない人の企画書は、何をどうしたいということは書いてあるのですが、なぜそれをするのか、それをしたらどんないい結果が得られるのか、という論理やそこにいたるプロセスがあいまいなのです。つまり説得力がまったくない。企画書は説得力が命ですから、説得力がない企画書なんて、企画書とは言えません。そういうものが通るわけがありません。

お客さんに自社の商品を買ってもらうための文章でも、変なものを書くと、売れるものも売れなくなってしまいます。

そういう社会で役立つ能力、言い換えれば、「メシが食える能力」という意味で、花まる学習会では作文を大事にして、とても力を入れています。

面白いのは私より30歳も若い新世代の坂田翔という社員が『花まる学習会「書けない」から卒業する作文の授業』（実務教育出版）という本を書いたのですが、私から見ても素晴らしい新時代を切り拓く良書になっています。ご参考になさってください。

「正しく書く」ためには親子で正しい会話を

親御さんが子どもの作文を見る場合、二つの視点があります。一つは文章として正しく、論理的にも正しいという視点。もう一つは魅力のある文章になっているかという視点です。

低学年と高学年とでは違うのですが、スタートは正しく書くことです。そのために大事なのは、家庭で親子が正しい会話をすることです。

例をあげると、たとえば、「足げりにする」ではなくて「足げにする」ですし、「女手一人で育てる」ではなくて「女手一つで育てる」ですね。それからよくやるのが「全然いいのよ」のような否定の副詞を肯定的に使う、間違った言い方です。そして、「食べれない」、「見れない」のような「ら抜き言葉」も使わないように気をつけてください。さらには、「あたし的にはー」という言い方もやめましょう。子どもは親御さんが使っていれば、それが正しいのだと信じてしまいます。

それから文字として、とめ、はね、はらい、筆順を含めてきちっと書けるということは、すごく大事なベースだと思います。その正確さは、学校教育の一番大事なものだし、それだけは最低全員でやってほしい部分です。

作文の指導で、親御さんたちがよくやる間違いは、「感じたことを書きなさい」ということばかりを説明しすぎてしまうことですね。

その気持ちはわかります。放っておくと、「次にスペースマウンテンにのりました。そしてかんらんしゃにものりました。ひるごはんでラーメンをたべました」と、「したこと」ばかりを時間軸に沿って列挙するような、つまらない作文を書く子が多いからです。

しかし、「感じたこと」と言われても、「楽しかった」しか思い浮かばない子は、「サッカーしました。楽しかったです」と書いておしまいということになる。感じたことを書いたわけですが、これでは読む人に何も伝わりません。

正しく書くということは、何が楽しかったのか、どんな楽しさだったのかということを、相手に伝わるように正確に書くということです。

すてきな作文を書くための三つの要素

もう一つは、魅力的な文章を書くということで、これは高学年になってからの課題ですが、そこで一番大事なのは、遊び心、ユーモアセンスみたいなものです。

ユーモアがあって、笑顔で子どもに接することの多い親御さんですと、その子どもは作文にもユーモアがあって、それが魅力になるということがあります。

ただ平板に書くのではなくて、そこにちょっとした遊び、ゆとりがあるのです。

それと多角的に見るということ。一つの視点から見るところだけれど、もう一つ別の視点から見るとこうだ、ということですね。

あとは言いたいことが非常にオリジナリティが高い。自分の頭で独自に考えている作文です。

あくまで、「正しく書く」ができあがった上でのことですが、ユーモア、多角的に見る、オリジナル、これがすてきな作文を書くための三つの要素です。

低学年は好きなように書かせる

ただし、こういうことは低学年くらいの子どもには言わない方がいいでしょう。低学年のうちは好き放題に書く方がいいのです。

親御さんがあれこれ注文をつけると、作文そのものが嫌になってしまいます。書きたいことを書くという作文の基本が崩れてしまう。そうなると、ほめられるためにうその作文を書くようになります。

実は私自身、5年生のときに、うその作文を書いて先生にほめられたことがあるから、それがよくわかります。「もう、この自転車は3年も乗っている。いろいろ僕のために役立ってくれた自転車だ」、「ふと気づくと僕は自転車の上に乗っていた」というような作文。でも、うそなのです。ところが先生は、「深い自転車への想いをよく書けましたね」と言ってほめてくれました。いまだに忘れられない、不快で恥ずかしい思い出です。

本当に自分の中からわき出た、真実の言葉だけを見つめて書けばいいのに、ついほめられる文章を書こうとしてしまうのです。

この、ほめられようとするというのは、作文の一番大きい落とし穴だと思います。だから、本当に自分の喜びとして作文を書くという方向に、どう持っていってあげるかが、一番大事なのですが、これはなかなかむずかしい。

ただその基本になることとして、親御さんは3年生くらいまでは子どもの作文をあれこれ評価しないで、味わう気持ちでおおらかに見てやってほしいですね。

これは私からの切なるお願いです。

3年生までは書き慣れるということだけが大事な時期なのです。

子どもの作文に文句をつけないで！

親御さんたちは子どもの作文を良くしようと思って、いい悪いと評価して、こう書きなさい、ああ書きなさいと言うのでしょうが、それで、書く意欲という根本的なものを失わせているということに気がついていないようです。

説明会で親御さんたちにそれを話しますと、「はい、はい！」と言って納得してくれるのですが、もうその半年後には、「もっと書くことあるでしょう！」とか、「〇〇ちゃんはもっと上手に書いてるじゃない！」とか、子どもにあれこれ注文をつけ始めるのです。

そうなると、子どもは親御さんに言われるから仕方なく書くけれど、「作文ってめんどくさいなあ」という思いが頭に染みついてしまう。そこから、死屍累々と言うと大げさですが、作文ぎらいの子どもが続出してきます。

マイブームというのでしょうか、子どもというのは、サッカーが好きなときは、サッカーのことしか書かないのです。ゲームにはまっているときは、ゲームのことしか書かない。「こうして、こうして、勝ちました。よかったです」、「負けました。くやしかったです」というような作文ばかりになります。これでは、親御さんとしては不満でしょうね。作文としてでき栄えが悪いなあと思うのは、当たり前かもしれません。でも、最初はそれでいいのです。

低学年というのは、本当に関心のある一番好きなことにしか焦点を当てられない時期ですから、作文としてはいたらなくても、それを続けているうちに書き慣れてくるのです。

そして、5年生くらいになったら多角的なものの見方とか、ユーモアやオリジナリティといったものを教えればいいのです。

花まる学習会でも、全体としてどういうテーマでやるか、段落のつけ方、段落ごとのテーマとその並べ方、小見出しのつけ方、「テカテカ、ピカピカ」というような擬態語の使い方、かぎかっこの上手な使い方、そういうものを教えていきますが、それは高学年からで十分です。

でも、こういうことを教える必要のない本当に作文力のある子も、少ないけれどいます。そういう子は自分とその周りの世界をしっかり見つめている子で、自分が書こうと思ったことを的確に言語化して作文を書いてきます。

ですから、親御さんとしては、わが子をしっかり見立てた上で、そのあたりの学年による作文力の育て方の違いを頭に入れておいてほしいですね。

作文上達の3ステップ

花まる学習会では、3年生までは親御さんにもお願いして、まったく評価しないで、毎週書き続けるということをやっていきます。そして高学年になるとテクニックも教えます。進学塾部門のスクールFCになると、添削を丁寧にやっていき、表現がありきたりだとか、考えが浅いものに対しては、理由を言ってつき返すこともします。

高学年になると、「自分がいままでの人生でいちばん頑張った（頑張っている）ことはなんですか」などのテーマを設けて作文を書くこともあります。問題意識を持って、それを深く掘り下げて考えながら表現する力をつけるためです。

また、知らない言葉があれば自分で辞書を引いてノートにためていく宿題があります。「気まずい」「豊富」「みじめ」など、なんとなくわかっているけれど説明するには難しい、そういう言葉の意味を調べて、今度はその言葉を使って作文を書いてみよう、という機会もあります。自分で使える言葉を増やしていく取り組みをしたり、文章や韻文を映像化をしたり、いろいろな視点で国語力の強化をはかっています。こういう勉強を子どもたちは遊びのノリでおもしろがってやって

【作文用紙 4年のサンプル】

4年① テーマ作文

題名

学年

名前

月　日

自分を動物にたとえると、何ですか。鳥?馬?ライオン?もぐら?
なぜそう考えたのか、理由も書きましょう。

↓確認《かくにん》したら✓

□一文（。から。まで）が3行以上にわたっている・いくつかの文に分けよう

□句点《くてん》（。）や読点《とうてん》（、）が抜《ぬ》けている・入れよう

□文の初《はじ》めに「なので」を使《つか》っている・「だから」や「ですから」に変えよう

4202-4-01

4年② 「調べる」を使おう

題名

学年

名前

月　日

↓確認《かくにん》したら✓

□一文（。から。まで）が3行以上にわたっている・いくつかの文に分けよう

□句点《くてん》（。）や読点《とうてん》（、）が抜《ぬ》けている・入れよう

□文の初《はじ》めに「なので」を使《つか》っている・「だから」や「ですから」に変えよう

4202-4-02

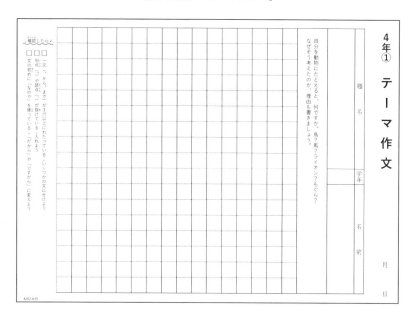

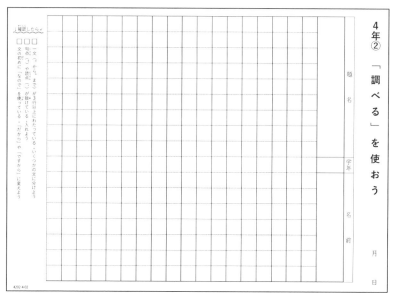

【作文用紙 5 年のサンプル】

5年① テーマ作文

月　日

題名

学年

名前

自分を動物にたとえると、何ですか。鳥？馬？ライオン？もぐら？
なぜそう考えたのか、理由も書きましょう。

→確認《かくにん》したら✓

□一文が3行以上にわたっている→いくつかの文に分けよう
□句点《くてん》（。）や読点《とうてん》（、）が抜《ぬ》けている→入れよう
□文の初《はじ》めに「なので」→「だから」や「ですから」に変えよう
□「い抜《ぬ》き・ら抜《ぬ》き」がある　例：してない→している
□字の間違《まちが》いがある　例：きずく→きづく　ゆった→いった
□話し言葉で書いている　例：そんで→それで

4202-5-01

5年②「けりがつく」を使おう

月　日

題名

学年

名前

→確認《かくにん》したら✓

□一文が3行以上にわたっている→いくつかの文に分けよう
□句点《くてん》（。）や読点《とうてん》（、）が抜《ぬ》けている→入れよう
□文の初《はじ》めに「なので」→「だから」や「ですから」に変えよう
□「い抜《ぬ》き・ら抜《ぬ》き」がある　例：してない→している
□字の間違《まちが》いがある　例：きずく→きづく　ゆった→いった
□話し言葉で書いている　例：そんで→それで

4202-5-02

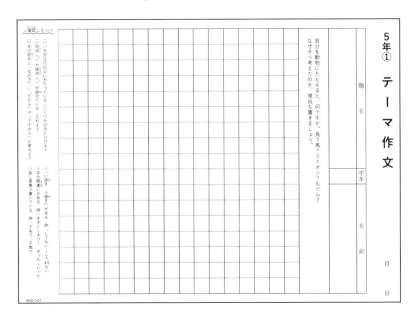

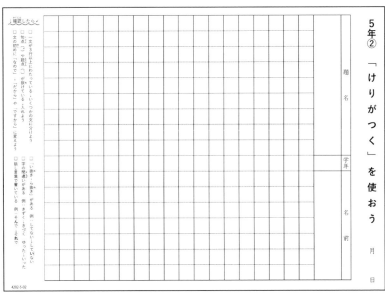

【作文用紙 6年のサンプル】

6年①　テーマ作文

月　日

題名

学年

名前

自分を動物にたとえると、何ですか。鳥？馬？ライオン？もぐら？
なぜそう考えたのか、理由も書きましょう。

↓確認《かくにん》したら✓

□「い抜《ぬ》き・ら抜《ぬ》き」がある　例：してない→していない
□字の間違《まちが》いがある　例：きずく→きづく　ゆった→いった
□話し言葉で書いている　例：そんで→それで
□係《かか》り受《う》けが成《な》り立《た》っていない
例：「ぼくが思ったのは、うそをつかなければよかったと思いました。」
□主語《しゅご》が一文の中で変わっている
□似《に》たような表現《ひょうげん》が近くに二回出てくる→どちらかにする
□説明不足《せつめいぶそく》（いつ、どこで、だれが、なにを、なぜ、どのように）

4202-6-01

6年②　「楽観的」を使おう

月　日

題名

学年

名前

↓確認《かくにん》したら✓

□「い抜《ぬ》き・ら抜《ぬ》き」がある　例：してない→していない
□字の間違《まちが》いがある　例：きずく→きづく　ゆった→いった
□話し言葉で書いている　例：そんで→それで
□係《かか》り受《う》けが成《な》り立《た》っていない
例：「ぼくが思ったのは、うそをつかなければよかったと思いました。」
□主語《しゅご》が一文の中で変わっている
□似《に》たような表現《ひょうげん》が近くに二回出てくる→どちらかにする
□説明不足《せつめいぶそく》（いつ、どこで、だれが、なにを、なぜ、どのように）

4202-6-02

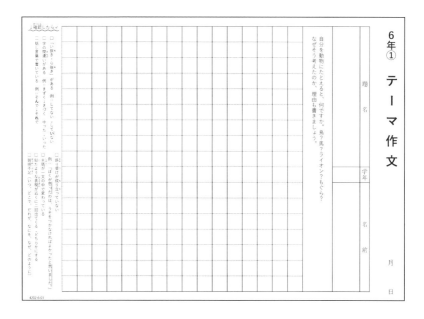

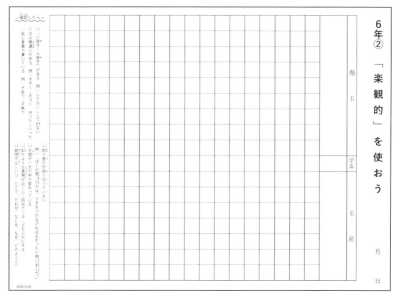

います。

そうして中学生くらいからあとは、書くことで自分の考えを深めるという作文の醍醐味を、本当に味わってほしいと思っています。

だいたいその3ステップです。低学年の書き慣れるという段階、それから高学年の、ある程度の技巧を踏まえて、意味のある作文としてきちっと仕上げるという段階。そして、中学生の本当に自分だけのために書く段階。作文には、この3つの発達段階があるということです。

まずは1日1行か2行の日記で書き慣れさせる

作文上達のためには、まず小学校に入る頃から、書き慣れることが大切です。それには1日に1行か2行でいいから書き続けることです。

花まる学習会では、低学年の子どもたちに毎週作文を書かせています。1行か2行。それでも十分です。今日あったことを日記のように書かせます。

ところが、この1行か2行が4カ月続くと親御さんから不満が出てきます。「何のためにお金を払っているんですか！」と言い始めます。そこで、「最初に説明したはずですが、今は書くことを続けることが大切なんです」と言うのですが、それが親御さんには言い訳に聞こえるらしい。そのあたりが、なかなかむずかしいところです。

1行か2行の日記なら、親御さんが上手に指導すれば家庭でもできるはずですが、問題は、親御さんが子どもの書いているものにどうしてもけちをつけてしまうことです。

1年生の子どもは、何カ月も同じようなことを書いたりするものですが、それを親御さんは黙って見ていられないのですね。自分の子どもだとカッとなってしまう。そうならないために、ママ友だちがお互いの子どもの日記を交換して、友だちの子を指導するという方法でうまくいったという例もあるくらいです。

わが子だといろいろ言ってしまうけれど、人の子だと冷静になれるのです。ですから、友だち同士で子どもの作文や日記を交換したりアドバイスして、添削して、「いいよ！　よく書いたわね」というふうにほめてやれば、うまくいくでしょうね。

そもそも作文を書くための目的は何か

そもそも作文を書くための目的は何でしょうか。

それは、自分の心を見ることにあります。自分を正しく見る、と言い換えてもいいかもしれません。

文章を作成するときに、それを読む他人の評価を気にして、褒められることを意識して書いている場合はないでしょうか。むしろ、そのようなケースのほうが多いかもしれません。

しかし、そのように作文をして、どれだけの意味があるでしょうか。気付いたときには、自分がそういう世界に入り込んでいることを自覚し、一度立ち止まって考える必要があります。

転職サイトに多くの人たちが溢れる時代です。もちろん時代の要請として一つの会社に一生勤めるより転職することが普通になるでしょう。ただそこには、「ここではないどこかへ行きたい大人たち」が溢れていることも確かです。

本来、人はどこへ行ったとしても幸せになれるし、自分自身でそうなるようにゲームを構築すればいいのです。

しかし、ふと40歳になったときに、その先の人生でいったい何がやりたいのか、と考えることがあります。そして、何もないことに驚愕することになります。

気付けば、自分の心と向き合うことも忘れてしまっていて、他人の決めた評価軸の良い成績を取ることばかりに躍起になっていた。そのツケを払わされることになるのです。

だから、今一度、正しく自分を見ることが大事なのです。

作文よりも日記がお勧め

作文というと構えてしまって、気軽に書けないけれど、日記なら好きなように書けますね。ですから、小学生になったら、内容には目をつむって、1行でも2行でも書き続けさせて、書き慣れさせる。そして中学生になって、自分のために書くいい日記につなげてくれればいいなと思います。

中学生になると、絶対人に言えない悩みが続出します。そのナンバーワンが性的なこと。これは親御さんにも友だちにも言えません。

私は毛が生えるのが遅かったから、それが大変な悩みでした。どうして俺だけ生えないんだろう……と悩み続けていました。中1、中2の日記なんて、もう7、8割方性に関することでした。他人から見ればバカバカしいようなことですが、でも、それが切実な中学生の悩みなのです。

本来の自分とはやっぱり日記にしか書けなかったし、日記に書くことで、カタルシスというか、浄化されるということもある。そういう書くことの効用に気づいたら、書くなと言われても書くようになる。それが日記を書き続けることの最終到達点でしょうね。

ありのままの自分を書くことで、自分は嫉妬深いんだな、自分は嫌らしいんだな、という側面に遭遇することになります。そこで本来の自分自身を知ることになります。

それは、小さい頃に思いのままに遊び回っていた自分自身なのです。あらゆる世界が楽しく、世界に対して興味関心で溢れていた頃の自分です。しかし、社会に放り出されて必死に日々を生きるなかで、だんだんと心が摩耗していき、いつしか、他人に評価されることが生きるときの主目的にすり替わってしまうのです。

人の評価を気にせず、ワクワクする自分をしっかりと捉える

文章を書くときに周りに評価されることを念頭に置いて書いてしまう人生はもう終わりにしましょう。日記のなかには、本来、嘘偽りのない自分を真正面から書き綴るのです。そうすることで、自分がいったい何にワクワクしているのか、しっかりと捉えることができます。

日記は短いものでも構いません。自分の心を正しく見ることが目的なのですから、文章の長短は関係ありません。一行だっていいでしょう。

私の母校である熊本高校は、公立高校では医学部に進学する生徒の数でナンバーワンと言われる高校です。私は医者の息子であり、医学部へ進むのが当然だとされていました。そうすることで、母親も喜ぶし、全国の〝医者の息子〟がそうなのだと思います。

しかし、私はそのような敷かれたレールの上を歩くことにはなりませんでした。当時から私は日記を書き連ねていましたが、そこには、自分がいったい何にワクワクしているのか、日々のリアルが書かれていました。そこにあるリアルとは、女性であり、笑う時間であり、音楽を聴く時間であり、正真正銘の本当の自分で

した。

そこには、将来、自分が没頭して仕事をするならば教育の世界がいい、という思いも綴られていました。子どもと一緒にいることでワクワクする。それならば毎日、仕事が楽しくできるはずだ、と。

将来の自分の在り方を、高校生の頃の自分はしっかりと見定めていました。そういう決意があって、覚悟があって、この世界に飛び込んできているので、現在65歳になりましたが、毎日が本当に楽しいし、毎日がワクワクします。子どもは本当に可愛いし、懐くし、そして、そういう子どもたちが親になって、自分の子どもを私に預けてくれるようになりました。長い年月のなかで、そういうサイクルがあるとは想像もしなかったし、この上ない喜びだと感じています。

「書くことがない」という子には、書くことを口頭で引き出してあげる

作文というのは、自分と向き合って、自分の中から掘り出していくものですから、結局、作文が書けない子というのは、自分と向き合うといっても、自分と向き合うということ自体がわからないのです。

そういう子は、自分が見ている世の中は、他の子の目にも同じように映っていると思っています。そして、自分の身の周りで起きたことは、当たり前の日常的なことが起こっただけだとしか思っていないのです。だから、その子は、「書くことなんかない」と言うのです。

その子に、いや、これは君だけの視点なんだよと気づかせるのには、相当時間がかかります。

君は君なりに、きちっと自分の目で見ているんだよ、ということを気づかせるために、どうするかと言うと、子どもが五感で感じたことを口頭で引き出すというのが一番いいのです。

例をあげますと、サッカーのことを作文に書くのはいいのですが、「サッカーをしました。楽しかったです」としか書けない子がいます。「えっ、これだけ！　もっと書くことあるでしょう？」と言っても、「いや、これ以上書くことないです、先生」と言い張る子どももがいます。

そういうとき、その子が逃げないように、目と目を合わせて、「本当に覚えていない？　よーく見たものを思い出せ」と突きつけるのです。

そうすると、

「ああ、そう言えばボールがビューンと飛んできた」

「ボールがビューンと飛んできたって書きなさい。それから、何か聞こえたでしょう?」

「いや、何にも聞こえないよ」

「よーく思い出してみて!」

「そう言えば、コーナーで旗がパタパタ風になびいていた」

「コーナーで旗がパタパタ風になびいていたって書きなさい。じゃあ、においなんかしたでしょう?」

「全然におわないよ、サッカーだから」

「よーく思い出してごらん」

「ああ、倒されたとき、土のにおいがしたよ」

「倒されたとき、土のにおいがしましたって書きなさい」

こうして、口頭で彼の口から引き出した、まさに本物の彼の言葉を書きとめて、3つ、4つ並べるだけで、「サッカーをしました。ボールがビューンと飛んできました。コーナーで旗がパタパタ風になびいていました。倒されたとき土のにおいがしました。楽しかったです」

という、少し内容のある作文に変わってくるわけです。

親御さんは子どもの作文を代わりに書かないで

口頭で引き出してあげるというのは、低学年の場合、親御さんの力でできる非常に効果のある技です。

ただし、一つだけ注意してほしいことがあります。それは親御さんが子どもの言葉を先取りしないことです。「旗が見えたでしょ！」、「脚を蹴られたじゃない」と言って、子どもの言葉を先取りして、自分で作ってしまう。

昔は作文コンテストの下書きを家でやらせていたのです。そうすると、とても子どもが書いたとは思えないご立派な作文がくる。それで、これはやめました。目の前で一回きりで書いてもらうように改めました。

親御さんが子どもの代わりに作文を書いても子どもの自信にも何にもならない、と言うより、むしろ自信を失わせることになります。子どもにはイヤな思いしか残りません。「いい気持ち」と「自信」は子どもをやる気にさせる二大要素ですから、これでは子どもを作文ぎらいにしているようなものです。

子どもの中から言葉が出てくるには、大人の何倍も時間がかかる、ということをしっかりと理解してほしいと切に思います。

だから、親御さんが問いかけたら、あとは子どもが答えるのをじっと待つしかないのです。待てないで、自分で問いかけておいて、自分で答えてしまう――この失敗がとても多いのです。

3章

国語力アップへ！
親御さんへの
お願い事項

1 勉強を見てあげるときに、知っておいてほしいこと

●低学年の子どもには落ち着いて何度も言い聞かせる

小学校の低学年ぐらいまでは、子どもはまだ幼児ワールドを生きているのです。女の子の場合は、おませで、早めに幼児ワールドを抜け出す子もいるけれど、とくに男の子で一人っ子の場合は、幼児ワールドを抜け出すのがゆっくりしています。

そういう発達段階にいるので、彼は幼児の特性を発揮します。すなわち、「落ち着かない」し、「やかましい」のです。

とくに親御さんを困らせるのは、「時間軸をさかのぼるのが苦手」ということです。「あ、虫だ！」、「あ、○○ちゃんがあっちにいる！」と、次の興味、次の対象

へと、どんどん関心が移っていくので、たとえば、「今やったことをもう一度見直しましょう」とか、「片づけなさい」という課題が非常に苦手なのです。

そういう本質を持った子ども相手なのですから、親御さんは何回も落ち着いて同じことを言わなければならないのです。何回も何回もカッカしないで、ゆっくりと言い聞かせるというのが、幼児対応の基本です。

「何回言えばわかるの！」と言われても、子どもは1回言ったぐらいではわからない発達段階にいるのです。だから、叱られても、大声を出されても、子どもは困ってしまいます。子どもは、「お母さんやお父さんは何で怒っているんだろう?」と、とまどっているのです。

過集中の子どもに気をつけて

親御さん方は、子どもの過集中という状態のことをご存知でしょうか? 過集中とは読んで字のごとく、集中し過ぎるということです。私は、親御さんが、「うちの子は何回言ってもわからない」と言っている子どもの中には、この過集中の子どもが相当いると思っています。

過集中の子どもは、本や創作遊びに集中しているときには、横で親御さんが何か言っても、聞こえないのです。

親御さんも最初はやさしく言うのですが、3回4回となるとだんだんイライラしてきて、「何回言ったらわかるの！」と怒鳴ることになる。そうなって初めて子どもは気づいて、動くのです。

これは親御さんの側から言うと、「この子は何回言っても聞いていないんです！」ということになります。一方、子どもの側からすると、「お母さんやお父さんはボクと話すときは、いつも怒っている！」ということになるのです。このすれ違いが多いのです。

過集中の子どもに、親御さんはどういうふうにすればいいかと言うと、子どもに話しかけるときに、ちょっと子どもの肩に手でふれて、注意をこちらに向けさせてから話すようにするか、あるいは、目と目を合わせて話すようにすればいいのです。そうしないで、何かに集中している子どもの後ろから話しかけるようなことをすると、親御さんの声が子どもに届かないのです。

過集中の子どもというのは、見方を変えれば、何かに集中できるという長所を持った子ども、つまり集中力のある、将来が楽しみな子どもと言えるのです。単なるなぐさめではないですよ。本当に将来、力になるいいものを持っている子と言えるのですから、考え方と態度を変えて子どもに接してみましょう。

叱られた人間の脳はやる気をなくしてしまう

「ゴロゴロ猫みたいに寝転がって、何でアンタそんなだらしないの？」というようなことも、よく親御さんは言います。けれど、幼い子どもはよくゴロゴロ寝転がるものです。そういう発達段階にいるのです。

姿勢を正しくするとか、背筋をちゃんと伸ばして座るというのは、勉強の第一歩目ですから、すごく大事なことです。過去の教え子を思い出しても、授業中ピンと背が伸びて、聞く姿勢が良い子は、おおむね後伸びしていると言い切れます。

姿勢はとても大事なことです。しかし、相手が低学年までの幼児ならば、それは、何度も落ち着いて言い聞かせなければならないことなのです。幼い子どもの本質を知って対応してほしいですね。

若い親御さんは、自分の子ども時代をよく思い出してくださるといいでしょう。何度も同じことを言われたり、ゴロゴロしていたりしたことをきっと思い出すはずです。

ところが、たいていの親御さんは、今の自分、大人の感覚で、子どもに言いたい放題言ってしまう。だから、子どもはよくわからないまま、「何か知らないけど、怒っている！」となって、しょんぼりしてしまうのです。

有名な脳科学者も言っていますが、「叱られた人間の脳はやる気をなくしてしまう」のです。

これは、私たち学習塾の現場にいる者の落とし穴の第1位です。一つの指導をするにも、何回も何回も落ち着いて、繰り返し言わなければならないということです。親御さんが子どもの勉強を見てあげる場合は、何度も言わないといけない幼い子の本質をわかってやることと、感情的にならないということが絶対に必要です。

突然変化する子どもにまどわされないで

以前、3年生の子どもたちがいっせいに芽吹いたように変化を見せたことがありました。普通はだいたい梅雨前後に起こるのですが、季節が変わるように、子どもたちに変化が訪れます。

簡単に言うと、3年生は3年生らしく、5年生は5年生らしくなる。3年生は、親御さんから見ると、一筋縄ではいかなくなってきます。

ついこの間までは、「あんた宿題やりなさい」と言って、子どもが宿題をやらなかったら、「ああ、じゃあ、いいわよ。〝花まる〟やめなさい」というようなことを言うと、「いやだ!」と言って泣いていたのが、「別に、いいよ」と開き直ってきた、ということが、ある日いっせいに起きました。親御さんたちから同じような報告が相次いだのです。

示し合わせたわけではないのに、子どもたちはそんなふうにいっせいにステップを上がることがあります。

そして同時期に、5年生の女の子の親御さんたちからも同じ質問が続出しました。「ダイエットみたいなことにハマってしまって、困っている。何を言っても、お願いをしても、まったく聞いてくれない。どうすればいいんでしょう?」と言うのです。これも前の例とまったく同じです。

各学年で、いっせいにピョンと上がってしまうときがあるのです。それは成長段階を一段上がったということで、ある朝起きたらそうなっていた、という感じの変わり方なのです。今までおもしろがっていたのに、もうおもしろくない、今まで気にもしないでいたことを、急に気にし始める、というようなことが起こります。これは成長段階で必ず訪れる節目ですから、親御さんはそういうことに翻弄されないでほしいと思います。

ギャングエイジの対応に気をつけて

成長段階で、3、4、5年生あたりというのは、要するに親御さんの言うことをまともに受け取れない、自立へ向けて親から離れていくときなので、親御さんがイライラしがちなんですね。

1、2年生の頃は、なんだかんだと言っても、にらんで、くすぐってやっていれば、言うことを聞いていたのが、3年生になると、急に言うことを聞かなくなる。そこを無理強いすると、国語の本質じゃない部分での指導力不足で、国語を嫌いにさせてしまうということが起こりがちなのです。

これは、成長のステップとして必ずくるので、親御さんは覚悟していてください。

1年生と6年生はどっちかと言うと、プライドを持って、前向きな気持ちで成長するときですね。1年生は小学生になったんだ、そして6年生は最高学年だから、という感覚です。社会性が伸びて、いろんなことを、ちゃんとやらなきゃ、という方向に伸びていきます。

ところが、3、4、5年生はいろんなことに対して、ただ、きちんと普通にやっていても魅力的ではないな、ということに気づきだしたり、友だちにモテるとかモテないとか、いろんなことがわかってくるギャングエイジなのです。

そういうことを、親御さんは子どもが3年生になる前に知っていてほしい。そうすれば、「ああ、きたんだな、この時期が」と言って、落ち着いていられるでしょう。

つい先日のことですが、そういうことを知らないでガミガミやって、3年生の子どもをつぶしかけた親御さんがいました。それで私は、「○○君はね、この成長段階にきたんですよ。親御さんがイライラするだけ損だし、最終的には勉強ぎらいにさせちゃいますよ」という話をしました。

国語力をつけるという以前に、基本的な子どもへの接し方の部分で失敗する人が多いのです。その原因は、相手が幼い子どもであるのに、カッとなってしまうこと、そして相手が急にステップを上がって成長変化する存在であることに気づかないで、以前と同じ対応をして、同じ反応が返ってこないことにカッカすることなのです。子どもはどんどん成長変化する存在ですから、親御さんが同じカードを出し続けると、必ずそれが効かなくなるときがきます。それが、ワンステップ成長したときなのです。

比較は百害あって一利なし

それから、これは当たり前のことですが、指導するとなると、ほめること、とがめること、その両方をやらなければなりません。「これではいけないんだよ」ということを言わなければならないし、「それでいいんだよ」ということも言わなければなりません。

そのとき親御さんは、やってはいけないことをよくやってしまいます。それは、自分の子どもを他の子どもと比較するということです。子育ての本によく書いてあるから、比較が良くないことは頭では知っているのでしょう。それでもやっぱりやってしまいます。

「〇〇ちゃんは、もうこんなに漢字が書けるんだ！」

これが子どもの心に何をもたらすか？ ただただいやな感じしかもたらしません。

「いい気持ち」にさせて「やる気」を引き出す

子どもというのはいい気持ちにさせなければ、やる気にならないのです。家庭学習では、子どもの「やる気」を引き出すことが一番大事なことです。

私が信頼している脳科学者は——脳についてはいろんなことが言われているけれど、たしかなことはただ一つ、「やる気になってやったことは伸びる」ということだけだ——という意味のことを言っています。

とくに低学年時代は、学びへの意欲を育てることそのものが最重要課題とも言えます。

とても単純なことなのですが、子どもをやる気にさせるには、子どもをいい気持ちにさせなければいけません。いやいややっていては本当の伸びにはなりません。

「ナントカちゃんはこんなに長い作文が書けるんだ。同じ3年生とは思えないね」
というようなことは、言っても何の役にも立たないどころか、害を与えてしまう。本当に言わずもがなの言葉ですね。

最悪なのは、年下の子と比較してけなすことです。

「弟はこんなに上手に書けるのに、なんであんたはこんななの。さぼっているだけでしょ！」

こういうのが多いですね。親御さんを批判する人が家庭の中にいないから、自分が裁判長で、もう言いたい放題。「上の子はやる気がないんです」と言うのですが、この場合、やる気をなくさせたのは、実は親御さん自身なのです。

きちんと系の親御さんの落とし穴

比較も落とし穴ですけれど、きちんと系の親御さんも、とても大きな落とし穴にはまります。

きちんと系の親御さんは、わが子にきちんと書かせる、きちんと読ませるということにこだわります。それは、いい面もあるのですが、落とし穴があるのです。

たとえば、ノートはきちんと書かれているし、硬筆で書くというときに、立派な字を書けるのだけれど、書くスピードが遅いという子がいます。それを「個性」などと甘くとらえてはいけません。時間が限られている中学入試や高校入試で大きなハンディになることが多く、そういう子を現実に何人も見てきました。

きちんと書くべきときに、きちんと書けることはもちろんすばらしいことです。しかし、同時に速く書くべきときには、多少字が汚くとも速く書く訓練もしておかねばならないのです。あまり言われませんが、現場で数多く被害者を見てきましたし、親御さんの盲点でもあるようなので強調しておきます。

そして、遅い上に、大事なことだけを書くということができないで、全部書き写そうとする。それは「きちんと病」の挙句の果てだと思います。「一番言いたい要点」をつかんで、そこだけを素早く書く子に大きな差をつけられてしまいます。それは、1年生の頃から、学校で書いたノートやテスト類を見ては、親御さんが、「なに、この字！　もっときちんと書きなさい、きちんと！」と言い続けてきた結果です。

2 国語力は親がつける

経験したことを言葉で表現させる

国語力をつけるという場合、正しい指導を学校と家で協力してやればできる、という単純なものではありません。

国語という教科は、子どもが経験の中で主体的に勝ち取る部分がすごく大きいのです。それを考えると、親御さんは子どもに多くの経験をさせてあげることと、その経験を言葉で表現させることをいつも心がけてほしいと思います。経験して、それを表現すること――それを何度も何度も繰り返すことで国語力が高まっていくのです。

たとえば、わが子が――遠足でけんかした。いやな思いをした。だけど、自分がこうしたら、○○ちゃんが、「みんな一緒にやろうよ」と言ってくれた。それで、すごくいい雰囲気になったんだよ――というような経験をしたとすると、それを言葉にすることを促して、親御さんはそれをちゃんと聞いてあげる。

そのように、子どもが経験したことを言葉にすることを繰り返すことです。このような機会は、親御さんが気をつけていれば、毎日のようにありますね。

親御さんとしては、直接テストの点数を上げるような指導をするには限界があります。しかし、学力の土台としての国語力を底上げするには、経験とそれを言葉で表現させることの積み重ねが何よりも効果的なのです。

親御さんは聞いてあげるだけでいい

これだと、親は、「そうか、そうか、そうなんだ」と言って、ただ聞いてあげるだけでいいのです。子どもにできるだけ多様な経験をさせてあげて、その話をよく聞いてあげる。そういう意味でも、聞き上手の親御さんは子どもの国語力を自然に上げていると言えるでしょうね。

聞き上手の反対がしゃべりすぎる親御さんで、子どもが言うのを待たないで、すぐ先回りして、言ってしまう。「○○はしたの？　ダメね！　△△してないからでしょ！」というように、自分で聞いておいて、自分で答えてしまう。だから、子どもはだんだん無口になっていきます。

子どもは考え考えものを言うことが多いのです。それは子どもにとって、脳をフルに働かせているとても大切な時間です。それを親御さんが待ってあげられなくて、自分で答えてしまうというのは、子どもが考えるのをストップさせてしまうわけで、もったいないことです。

子どもは子どもであるがゆえに、かわいくて、見ていて楽しいし、言うこともおもしろい。それを楽しむというのは、親御さんにとって、最高の喜びの一つではないでしょうか。

その子どものすばらしさを見ないで、大人と同じようにできない、劣ったものとして見て、キリキリするのは、何も実りのない寂しい選択です。

つまり、親御さんの生き方が問われているのです。

時代とともにお父さんの存在が大事になってきた

この本の初版が発売された14年前と比較すると、時代の大きな流れがあり、家庭におけるお父さんの役割が明らかに異なってきています。この14年でもっとも変わったのが、お父さんの役割なのかもしれません。

それこそ、この本の初版を出した14年前は、お父さんは家庭の外でバリバリと働くという役割があり、そして家庭ではお母さんが子どもの勉強や習い事に四苦八苦するのが当たり前という時代でした。

ただ、その時代においても、お母さんがいわゆる〝ワンオペ状態〟となって、子どもの面倒を一人で見ることとの限界が叫ばれていました。その結果、お母さんが家庭でイライラとしてしまったり、孤独に苛まれていたりしていることが、社会的な問題にもなっていました。

ひと昔であれば、隣近所の世話好きなおばさんたちが気を利かせて子どもの面倒を見てくれることもありましたが、時代の流れとともに隣近所の付き合いも希薄になり、もはやそのような時代ではなくなっていました。

「子どもの面倒をみるのは夫婦の仕事だよね？」

そのような社会的な風潮が高まったときに、今度は〝イクメン〟という言葉がはやり始めました。お父さんは仕事だけではなく家庭の子育てに積極的に関わろう、という社会的な流れでした。

しかし、実際にイクメンという言葉がはやり出した時期には、同時に、お母さんたちからこんな厳しい意見もあったのです。

「お父さんが家事や育児をやろうとするのはいいけれど、むしろ、これならばやらないほうがいいかもしれない……」

例えば、お母さんが「これ、片付けておいてね」とお父さんに伝えたとしても、実際に片付けたあとにテーブルの下をのぞくと、子どものご飯の食べこぼしがそのままになっている……。普段から家事や育児をやり慣れていないお父さんは、そういう細部に気付くことができないというお母さん側の言い分がありました。

また、お母さんが子どもの言葉遣いやマナーについて、月曜日から金曜日まで一定の基準で接しているのに、お父さんが子どもと長く一緒にいることになる休日になると、途端に子どもの言葉遣いもマナーも酷いものになってしまう……。

お母さんが「こうやってほしい」という思いどおりには、お父さんはやってくれず、それでお母さんは余計にストレスを抱えてしまうということです。お母さんが日々、本気で向き合っている子育てのレベルには到底及ばないという状況が生じてしまうのです。

お父さんはお母さんの「安定」を願って行動に移す

ここ最近の流れでいえば、家庭における父親像は揺れに揺れている状況にあります。

今、顕著な傾向としてあるのは、「叱れないお父さん」がものすごく増えているということです。それが一番の問題として挙げられるかもしれません。

子どもにたっぷりと愛情を注げるのがお母さんの役割とした場合、お父さんに求められるのは、ときに子どもに対して厳しく接してバランスを取ることです。

そういう立場になることで、家庭におけるお父さんの存在価値を示すことが大事だと言われています。

それなのに、それができるお父さんがあまりいないのが現代だと言われています。

「それならば、お母さんだけで子どもが育つならば、それでいいんじゃないの？」「お父さんって、子育ての過程において必要なの？」といった話題が出てきてしまうのも仕方がないのかもしれません。

どの夫婦に聞いたとしても、次のような回答は共通するでしょう。

「今、私たちは子どもの人生のために生きています」

「子どもが将来、満足にご飯を食べられ、幸せに生きていけるように、という思いで子育てをしています」

夫婦の関係性にはそのようなベースがあることを踏まえたとき、家庭におけるお父さんの役割をどう考えるべきでしょうか。

それは、お母さんが家庭でずっと笑顔でいられることが、子どもがすくすくと健康的に育つために必要不可欠ということです。

昔から、家庭のなかのお母さんの役割は、太陽であり女神だと言われます。これは、ある研究のエビデンスとして数値上でもそのような傾向が強く出ているようです。

お母さんの「安心」がもっとも大事であることを前提にしたとき、お父さんの役割はどう考えるべきなのでしょうか。それは、お母さんが、特に子どもが幼児期から10歳くらいの年齢になるまでは、家庭で常に笑顔でいられるようにお父さんがサポートするということです。

現代は、隣近所のおばちゃんたちが子育てに奮闘する親御さんを助けてくれる時代ではなくなりました。ならば、あの時代の隣近所のおばちゃんの役割をお父さんが担えればいいのです。お父さんは、どうすれば親御さんが笑顔になるのか、日々観察しながら、考えながら、一生懸命に励ますというスタンスが良いのかもしれません。

例えば、お母さんが韓国人のアイドルグループである『BTS』が好きならば、その知識をしっかりと入れておくことも大事でしょう。

「BTSが日本に来るの？」「今度、ファンミーティングがあるんだよね？　行って来ればいいんじゃない？」

そのように、お母さんが興味を持っている話題を積極的に振ってあげるのです。普段、お父さんたちは会社組織のなかで動いています。そこで、いくら嫌いな上司がいたとしても、表面上だろうと話題を振りながら一緒に仕事をすることはいくらでもあるでしょう。

お父さんからすれば、そんな仕事から解放されているときの家庭では、精神的に落ち着いて過ごしたいという思いもあるかもしれません。ただ、そこでもうひと踏ん張りをすることで、お母さんも子どもも幸せになれる道筋を作れるならば、家庭におけるお父さんの面目躍如といったところでしょう。

不思議なことに、お父さんが「お母さんが笑顔であるように」と願うだけでも、

「お母さんの態度が変わった」という報告があるのです。本当に不思議な話ですが、女性はそういうものを感じ取れるものなのです。お父さんの行動の端々で「ちゃんと私たちのことを考えているんだな」ということに本能的に気付くのです。

逆にいえば、お母さんにとって、もっとも頭に来るのは、お父さんが勝手な行動をしていると映っているときです。

「自分のゴルフとかばっかり考えていて、私が言ったことは何も覚えていないし、関心がないんだ」

そう感じられてしまったときには、お父さんは確実に怒られているでしょう。多くのお父さんに心当たりがあるはずです。ぼーっとしているだけでも怒られた、という経験をしているお父さんはたくさんいるはずです。

お父さんの役割は、子どもの学力を上げようと頑張ることよりも、お母さんの心が安定することを第一に願って、これからぜひ行動に移してみてください。

お父さんだからこそ、果たせる役割がある

学習面でお父さんだからこそ、という役割があるとすれば、子どもが物事を論理的に考えるためのサポートをするということです。

トランプでも、麻雀でも、囲碁でも、将棋でも、何でもいいのですが、子どもとそうしたボードゲームを通じながらこんな会話を展開してみてください。

「なんでこの手をこう打ったの？」

「だってこう打たないとパパはこう打つでしょ？」

「いやいや、そっちを打ったらパパはこう打って、こう打って、こう打つから取られるじゃん」

論理的な流れを意識しながら子どもと会話をするように試みてください。

これは、男女の特性に違いがあり、親御さんよりもお父さんのほうが論理的な会話が向いているからなのです。「なんでこう打ったの？」「そうとは限らないよね？」といった投げかけを繰り返すことで、子どもは、そういったお父さんとの問答のなかで自然と知力を引き上げていきます。

苫野一徳さんという熊本大学の教授が推奨している『哲学会話』というものがあります。

これは、お父さんが一つのテーマを設けて、それを子どもと会話をしながら深めていくやりとりを指しています。

「今日は『人間は働かなければいけないのか』というテーマで話そうか?」

そんなお父さんからの投げかけから会話がスタート。

「働かなくてもいいというより、一人だったら自分で木の実を採ったり魚を捕まえたりしながら食べていければいいんじゃない?」

子どもがそのように回答すれば、お父さんはこう投げかけて子どもに考えさせるのです。

「いや、それが本当に幸せかどうかを想像すると、お父さんはそうじゃないと思うんだよね。やっぱり仲間と一緒にいたいし、みんなで集まって仕事をすることで楽しいと感じたり、その仕事のおかげで給料をもらって愛する家族を育てられるという意味で、仕事をすることはすごく大事だと思うよ」

それに対して、子どもが「でも、それは日本の社会のなかで暮らそうとしているからそう考えるのであって、沖縄とか、フィリピンとかに行けば、もっと緩い生き方もあって、働かなくても食べていけるよね?」という会話をしてくれれば、そこにもう立派な「哲学」が存在していると言えます。

自分はなぜ生きているのか、なぜ結婚しなければいけないのか、価値とはどういうことだ、そんなことに考えを巡らせること自体が、生きる力の土台だし国語力そのものなのです。子どもとの会話を重ねながら、そういう論理的な思考力を深めることがお父さんの一つの役割になると良いですね。

なお、お父さんが子どもとボードゲームをする際に私が推奨しているのは囲碁です。囲碁は推理したり、数を数えたりする力が身につき、特に数学系の才能を伸ばすためのトレーニングになります。

将棋は、様々な手の打ち方を念頭に置きながら考え抜く、という意味で論理的な思考力が身に付きますが、囲碁はそれらの論理的な思考力に加えて、数勘といって数に関するセンスが育まれると言われています。もちろん、将棋を選ぶのか、囲碁を選ぶのかは個々の好みです。おおむね、どちらでも良いと思います。

お父さんは子どもに囲碁・将棋を教えてあげるといい

埼玉県でトップの進学校である浦和高校の入試では、テストの点数以外の評価部分に、囲碁・将棋が4段以上だったら加点するというのがありますが、それくらい囲碁・将棋は頭脳を鍛えてくれます。

囲碁・将棋のいい点は、遊びだから、楽しみながらやれることです。遊びでありながら、どんな勉強よりも論理的思考力を鍛えてくれます。

国語も基本は論理ですから、こういう遊びはいいですね。とくに、お父さんと子どもの会話が少なくなりがちな高学年以降には、貴重な遊びです。

マージャンも多少偶然性が入っていて、子どももたまに勝てるからいいでしょう。これも、なぜその牌を捨てたのかを子どもに説明させるといいのです。また、低学年なら、トランプやアルゴ（数理的な思考力を鍛えるゲーム）もとてもいいですね。

ちなみに、数理的思考力を遊びながら伸ばす、低学年向けの教室として全国の学習塾に広まった「アルゴクラブ」は、授業設計を私が担当しました。そこでは、アルゴゲームをベースにした思考力育成をするのですが、感想戦（その一手で、なぜ3なら3のカードと当てられたのかを説明する）は、授業の大きな柱にしているくらい重視しています。そういう勉強の大切さを保護者にもぜひわかっていただきたいと思います。

私は長年、不登校や家庭内暴力、いじめ、自傷行為など、さまざまな問題を起こす子どもたちをたくさん見てきましたが、彼らの家庭に共通する問題のあることに気づいています。その一つが家庭でお父さんの存在感が薄いこと、そして、子どもはお父さんと遊んでいないことです。そういう意味でも、囲碁・将棋、マージャンなどの遊びはお父さんの存在を子どもに示し、お父さんの実力を認識させるいい機会です。

現代は、スマホのゲームでも本当に面白いと思えるものが多く、なかには論理的に考えさせられるゲームもあります。お父さんが子どもと一緒にゲームに興じることは絶対にダメというわけではありません。

ただ、これは私の直感的な感覚になってしまいますが、やはり、子どもが五感をフルに使って育っていくことを願うのならば、目、鼻、口、手、足をフルに使うような遊び方がより大事ではないかと考えます。駒や石といったリアルな物に触れることが大事だし、その意味で、相手が目の前にいる囲碁や将棋といったボードゲームのほうが子どもの感性を刺激するためにも良いと思います。

国語力アップの第一歩は「あいさつ」から

言葉でのコミュニケーションと言うと、真っ先にあげなければならないのが、

「あいさつ」の問題です。

これは国語以前の問題ですが、「あいさつ」ができていない家庭では、そもそも国語力アップは望めません。「あいさつ」はコミュニケーションの第一歩ですから……。「おはよう」に始まり、「いただきます」「ごちそうさま」、「いってきます」「いってらっしゃい」、「ただいま」「おかえりなさい」、「ありがとう」、「ごめんなさい」、「おやすみ」といったあいさつを習慣にするのは、親御さんの仕事でしょう。

習慣にすれば、社会に出てからも自然にあいさつが出てきます。あいさつというのは、出会い頭にとっさに必要になることもあるので、習慣化していないと、そういう場合にすっと出てきません。

社会では、「まともにあいさつもできない」というのは、一人前でない証拠と見なされてしまいます。それで困るのは、あいさつをしつけてもらえなかった子どもの方です。

あいさつをしつけるのは親御さんの義務であり、責任でもあります。学校では教師から言われるので、子どもたちは仕方なしにあいさつをしていますが、それは身についていないので、社会に出たら役に立ちません。

逆に言うと、体の正面をきちんと相手に向けて、目を見て、ハキハキとあいさつされると、「うわぁ、いいなぁ」と感じますし、リクルートの季節には、「この子はぜひほしいな」と思わせられます。基本の型を家庭でしつけてくださっているのでしょう。

あいさつを交わして、そこからコミュニケーションが始まる。だから、あいさつができないと、コミュニケーションができません。そうなると社会へ出て行けないということにもなります。

子どもの将来を考えて、しっかりしたあいさつを習慣にするということに、ぜひ親御さんとしてこだわってほしいですね。

あいさつを始めとして、言葉のやりとりを親子で億劫がらずにするということが大切です。

カルタ・百人一首のような言葉のゲームを

それから、家庭で子どもの国語の力をつけるというとき、忘れてはいけないのが、カルタとか百人一首のような言葉を使ったゲームです。

「意味がわからないから、子どもにはムリ」と思うかもしれませんが、決してそうではありません。これは、ぜひ小学校低学年の頃から親子で遊んでほしいですね。

百人一首は、小学生では、まだ意味がわかりません。でも、子どもは、意味がわからなくても、耳で聞いて覚えてしまいます。

そして、子どもはそのゲーム性にも惹かれるのです。トランプと同じです。意味がわからなくても、子どもは耳から聞いて、おもしろがって覚えてしまう。そういう時期なのです。

歌というのは、本来文字で覚えるものではなくて、声に出して詠むものですから、そういう意味でも百人一首という遊びはなかなかのスグレモノなのです。そして、中学生や高校生になってから、覚えている歌の意味がわかるようになります。

百人一首で遊んでいた子は、中学や高校で必ず覚えている歌に出会います。そして、「そういう意味だったんだ！」となって、完璧に頭に入る。その歌の味わいまでがわかる。ほかの子とは理解の深さが違ってきます。

そうなると、「家庭の文化」を誇りに思うということにもなります。それが子どもの向上心に与える影響は非常に大きいのです。

私は熊本高校という県立の進学校に行ったのですが、そこには、私も含めて、小学校時代にはすでに百人一首にふれていた子がたくさんいました。百人一首さえやればいいというのではないのですが、やはり、子どもにもそういう遊びをさせる程度に高い家庭の国語文化がある、ということが大切なのだと思います。

こういうふうに、遊びながら言葉が自然に頭に入ってくる言葉のゲームをいっぱいやるといいのです。

「日本語の宝石を体に埋めておく」

昔の子どもは、論語などの素読をやっていました。花まる学習会でも、毎週「たんぽぽ」という教材で、方丈記や枕草子、論語などの素読を行っています。意味はよくわからなくても、声に出して読むことが好きなのです。

そうやって覚えてしまった、そのだいぶ後から、意味がわかって、その言葉が身につくというか、その人の行動規範になることすらある。

小学生の頃は、百人一首でも四字熟語でも、新しい言葉を声に出したり、耳で

【素読用教材「たんぽぽ」のサンプル】

十二月《じゅうにがつ》 ー 師走《しわす》

『論語《ろんご》』

孔子《こうし》

子《し》曰《いわ》く、
学《まな》びて時《とき》に之《こ》れを習《なら》ふ《う》、亦《ま》た説《よろこ》ばしからずや。朋《とも》有《あ》り遠方《えんぽう》より来《き》たる、
亦《ま》た楽《たの》しからずや。人《ひと》知《し》らずして慍《うら》みず、亦《ま》た君子《くんし》ならずや。

吾《わ》れ十《じゅう》有《ゆう》五《ご》にして学《がく》に志《こころざ》す。三十《さんじゅう》にして立《た》つ。四十《しじゅう》にして惑《まど》は《わ》ず。
五十《ごじゅう》にして天命《てんめい》を知《し》る。六十《ろくじゅう》にして耳順《みみしたが》ふ《う》。七十《しちじゅう》にして心欲《こころほっ》する所《ところ》に
従《したが》って、矩《のり》を踰《こ》えず。

聞いたりして覚えるのが楽しい時期なのです。

「日本語の宝石を体に埋めておく」と齋藤孝さんが言っていますが、ほんとうにそのとおりだと思います。ぜひ百人一首やいろいろな古典から漱石まで、言葉の宝石を子どもの体に埋めておいてください。

敬語ゲームもおもしろい

私は、子どもたちを相手にして、敬語ゲームというのをよくやります。そのときだけは意識して敬語を使い続けるというゲームですが、おもしろいことに、これをやると子どもの姿勢が自然に良くなります。もちろん、先生も敬語を使います。

「これから、敬語が使えるところではすべて敬語を使います。敬語を使わなかったらアウトだよ」と言ってスタートします。たとえば、「先生がきた」と言ったら、「アウト」です。これは、「先生がいらっしゃった」ですね。「先生が申し上げた」というように敬語を使うところに謙譲語を使うのも、もちろん、「アウト」です。これは、「先生がおっしゃった」ですね。

子どもはこういうのも大好きです。「敬語ゲーム、やってよ！」と言ってきます。これを親子でやると、子どもの敬語に対する意識が随分変わりますし、親御さんの敬語の使い方も向上しますから、一石二鳥ですね。

こういうことを親子でやるといいですね。つまり、わが子の国語の力をつけるには、親子で勉強らしくない勉強をするといいのです。それには、言葉を使ったゲームが最適です。

低学年の子どもには、お話を作って聞かせる

それから、小学校低学年ぐらいまでは、親御さんがお話を作って聞かせてあげるというのもお勧めです。お話というと構えてしまいそうですが、難しく考えないで、思いつきの、ごく短い話でいいのです。

ただ、そこに何かおもしろいユーモアとかオチをつけて話を作るのがコツです。うそっこを楽しむ、と言ったらいいでしょうか。

子どもは、「スッテンコロリンと転んで、頭に大きなタンコブを作ってしまいました」とか、「アレー、パンツが脱げてしまいました」というような、動きのある

ダイナミックな変な話を喜ぶ傾向がありますが、しみじみとしたユーモアをおもしろがる子もいます。

何度かやっていると、どんな話が子どもに受けるか、わかってきますから、いろいろ工夫してみてください。これはお父さんの方が得意かもしれません。

言葉遊びゲーム

やっぱり、低学年時代には、「好き」を伸ばしてあげるのが一番いいのです。漢字練習のような鍛練の部分は、歯磨きと同じで、絶対やることとして押しつけて、全然問題ありません。

それ以外の勉強は、当然ですが楽しくやる方がいい。遊びながら、知らず知らずのうちにしっかり勉強をしている、というようなやり方です。それには、いろんな言葉のゲームをするというのがいいでしょう。

言葉のゲームは子どもは大好きですから、親御さんが誘ったら、子どもは絶対食いついてきます。

たとえば、頭に「あ」のつく言葉をいくつ書き出せますか？　とか、しりとりの変形版で2文字、3文字という枠を作って最後だけイヌやキツネという文字を入れておいて、初めからしりとりで完成させるとか…。ドライブの車の中で、「しりとり」をやるのもいいですね。また、「体の言葉、よーい、スタート」と言って、「口、鼻、耳……」と、いくつ言えるか数える。それを、野菜、飲み物など、いろんなものでやる。高学年になったら、木偏の漢字を何字書けるか、魚偏はどうか、人偏はどうか、というのもいいでしょう。

言葉のゲームは絶対お勧めです。子どもはゲームを設定してもらうことがうれしいのですね。一度やると、「作って、作って」と催促してきます。こうして言葉の力をつけ、言葉によるコミュニケーション能力もつけていくといいですね。これは、今問題になっている「ひきこもり」を予防することにもなります。

そして、言葉をたくさん覚えさせて、5、6年生になったら、国語辞典はもちろん、漢和辞典のすばらしさを子どもに教えてあげられると最高です。

辞典は無限に遊びを生み出せる魔法のランプです。ただ単に、一つの単語を言って、ヨーイドンで調べて、そこを指差したら勝ちという、引き方訓練をかねた「早引きゲーム」からスタートしてもいいでしょう。慣れてくれば、意味だけ言って、その言葉を推測させ、各自引いてみて、見つかったら、「はい!」と答えさせる

「定義→単語さがしゲーム」、「同音異義・異綴語さがしゲーム」など、いくらでもゲームを作り出せます。そして、子どもたちはそういうゲームが大好きです。こまめに辞典を引く子、辞典が大好きな子に育てたいですね。

子ども同士の外遊びがひきこもりを予防する

「ひきこもり」には、私も長くかかわってきましたが、いったんひきこもってしまった人を、普通の社会生活へ復帰させるのは非常にむずかしいのです。

だから、ひきこもりにならないように育てるのが一番なのですが、そのためには、子ども同士でたっぷり外遊びをさせるといいのです。けんかして、仲直りして、小さい子も入れてやって、自分たちでルールを作って、いろんな工夫をして楽しく遊べるように考える。これはコミュニケーションの能力を鍛える最高の場です。

小さい頃にそういうことをしてこないまま大きくなってしまうと、仲間と何かするというのがうまくできなくて、面倒くさくなるのです。

人間は毎日誰かと会って、毎日お話をして、毎日共感し合うことで正気を保てる生き物、すなわち社会的動物です。社会を作って、協同してやっていかなければうまく生きていけない存在なのですが、ひきこもる人はそういうことが面倒くさいのです。そこには人とコミュニケーションすることに非常な困難を感じる、ということがある。だから自分だけの世界にひきこもってしまうのです。

テレビを見る暇があったら外遊びを

だから、小さい頃から、子ども同士でいっぱい外遊びをさせてやればいいのですが、今はそれがずいぶん少なくなりました。

交通事故が怖いとか、変な大人がいるとか、勉強や習い事で忙しいとか、理由はいろいろありますが、子ども同士で外遊びをするということは、子どもの成長にとってとてもいいことなのだ、ということを親御さんたちに知っておいてほしいと思います。わが子が、「〇〇ちゃんたちと外で遊んでくる」と言ったら、喜んで送り出してください。

外で遊んでいると、いろんな子とつきあうことにもなります。小さい子がいたら、世話をしてやったり、その子がわかるように話したり、大きい子がいたら、その話を聞いて従ったり……。コミュニケーションの連続です。

そこへいくと、テレビやスマホというのは、受身の一方通行ですからね。見ているヒマがあったら、ぜひ外遊びをさせてください。同じメディアでも、テレビや動画視聴よりはラジオの方が言葉からイメージを思い浮かべるイマジネーションを必要とするので、子どもの脳にはいいのではないかと思っています。

長文読解の前に正確な音読・黙読を

前にも書きましたが、長文が読めないというときに、「きちんと読みなさい」と言っても、決して読めるようにはなりません。それは長文を読み取るスキルが身についていないということで、それを丁寧にやらないといけません。

でも、ここはむずかしい部分なのです。国語の指導の中で長文読解とか、算数の長文の文章題をちゃんと読み取る指導というのは、やっぱり壁だと思います。

親御さんと子でやったときに、漢字はできる、ことわざとか四字熟語というのもできる、一緒に読み聞かせもできる、ところが長文読解をきちんとさせるということについては、すごく大変だと思います。だから国語力を伸ばす指導をするとき、そこが一番親御さんとしても苦労する点だろうと思います。

3年生くらいで、ちょっと長い5、6行の問題文が読み取れないというときに、親御さんは、「ここにちゃんと書いてあるでしょ！」と言ってしまう。これがずっと引きずって、高学年になってから出てしまうのです。これこそが国語指導の一つの大きい壁だから、心してかからないといけないでしょう。

音読でちゃんと読めるという段階を踏まえていかないといけないことだし、音声言語段階でちゃんと読むということ、聞き取るということ、それができるということを確認して、「じゃあ黙読で同じことをやりなさい。黙っているから、読んで。はい、じゃあこれ何が書いてあったの？」ということを順番にやっていかないといけないのです。そのあたりは少し時間もかかります。

文章の復唱がきちんとできるようにする。それから、前にも言いましたが、抜けがなくきちんと音読できるようにする。そこでの集中が、そのまま黙読の集中と同じなのです。そういう作業を、丁寧に時間をかけてやらなければなりません。

親御さんは辞書を引く姿を見せていますか？

それから、親御さんが正しい言葉づかいをすることは、当然のことですが大事です。そういう意味では、親御さん自身が自分の言葉づかいが間違っていないかどうか、疑問を感じたら、そのつど国語辞典で調べるようにしてください。そういう親御さんの姿勢が子どもに伝わっていくのです。

子どもは親御さんのまねをしますから、親御さんが国語辞典で調べている姿を普段から見せていれば、ああ、そうすればいいのか、と思うものです。

親御さんが言葉を辞典で調べる習慣がある家の子どもは、やっぱり勉強ができるのですね。私自身の家のことを振り返っても、父親がいつも広辞苑を横に置いて本を読んだりしていました。こういう実物教育は、「広辞苑で調べなさい、広辞苑で」と口で言われるよりも効果的です。

ただ、小学生では、広辞苑のあの厚さが耐えられないでしょうから、小さい国語辞典を子どもに選ばせるといいですね。

電子辞書や辞書アプリですぐに調べる癖をつける

言葉の意味がわからないときにスマホのアプリなどで調べること自体は悪いこ

とではありません。

ただし、大前提として、子どもにはまず紙の辞書を触らせてほしいです。辞書で言葉を調べると、その言葉の周りにある〝関係のない言葉〟も目に飛び込んできて、それらも読み込むことで自然と知識が増えていくし、言葉と言葉の並びも実感できるでしょう。辞書で言葉を調べることには良いことしかありません。

もちろん、わからない言葉が出てきたときに、すぐにスマホやパソコンで調べることも悪くはありませんし、頭への定着の妨げになるかといえば、そういう科学的なデータがあるわけではありません。逆にいえば、わからない言葉が出てきたときに、すぐに調べる癖をつける、という意味でパソコンなどを有効に活用すべきでしょう。

また、言葉ノートのようなものを書き溜めることも大事です。私は言葉ノートを作っていて、わからない言葉がある場合は必ずそのノートに書き溜めています。国語のみならず、英語についても同じような習慣ができていて、ＣＮＮなどでニュースを見ているときに不明な言葉が出てきたときには、すぐに調べる癖が身についています。

辞書は手軽には持ち歩けないので、電車のなかの空き時間などに言葉の意味を調べるときには、ＳＮＳやアプリ、電子辞書などを使うとよいでしょう。ただ、あくまで自宅では辞書を引くことを習慣にしてほしいです。

親御さんは熟語やことわざをどんどん使おう

「感じる心を伸ばす」というところでも言いましたが、親御さんが日々表現する言葉が、そのまま子どもの言葉になります。

そういう意味で、親御さんは熟語やことわざをたくさん使ってほしいですね。子どもが、試合で勝ってニコニコしていたら、「得意満面」、勉強をさぼって悪い点を取ったら、「自業自得」、高級な食材が嫌いな子どもに、「猫に小判」、得意なことに失敗したら、「猿も木から落ちる」、成績が落ちて元気がない子どもに、「後悔先に立たず」、最後に残ったおやつを食べるときに、「残り物には福がある」など、機会は毎日いっぱいあります。子どもとのいろんなシーンで使ってみせるというのが親御さんの仕事だと思います。それを、あくまで遊び感覚で、楽しくやってほしいですね。

ドリルで語彙力をつけさせるのは、話し言葉の語彙が十分に増えてからにしましょう。最初からドリルで言葉を覚えさせようとすると飽きを招くので、あまり効果的ではありません。

親子で俳句、親子でダジャレもいいもんだ

それから、日本の伝統的な文化である俳句や川柳作りも親子でやるといいですね。最初は5、7、5と字数を合わせるだけでいいのです。それを続けていくうちに、だんだん俳句や川柳らしくなっていきます。字数の制約の中で言葉を選ぶということが、言葉を使う力を鍛えてくれるのです。

前に、ご飯のときに俳句作りをやる家庭があって、そこの子どもを教えたことがあります。そこでは、なかなか味のある俳句ができたようですが、それだけではなくて、その子は作文が上手になりました。表現することのおもしろさ、ちょっと気のきいた言い方をする楽しみを覚えたのでしょうね。

それから、言葉遊びと言えば、ダジャレもいいですね。子どもはダジャレが大好きですから、ぜひ親御さんもダジャレにチャレンジしてみてください。

【子ども川柳用紙のサンプル】

特別《とくべつ》企画《きかく》　ラジオHanamaru　Family　子《こ》ども川柳《せんりゅう》！！

2009年　11月　12日

教室《きょうしつ》：むさししお

学年《がくねん》：四

名前《なまえ》：明夏未

川柳《せんりゅう》は、5・7・5の言葉《ことば》遊《あそ》び。

テーマは**家族《かぞく》**！くすりと笑《わら》えるような川柳《せんりゅう》をつくってみよう！！

いくつ作《つく》れるかな？3年《ねん》～6年生《ねんせい》の人《ひと》、挑戦《ちょうせん》だ！！

例《れい》）

- □　「ありがとう」なんだか　最近《さいきん》言《い》えてます
- □　よっぱらい　変《へん》なおじさん　お父《とう》さん
- □　お父《とう》さん　休《やす》みの日《ひ》だけ　ぐうたらだ
- □　お姉《ねえ》ちゃん　やさしい日《ひ》は　神様《かみさま》です
- □　お母《かあ》さん　値段《ねだん》が高《たか》いと　買《か》わないよ
- □　お母《かあ》さん　電話《でんわ》に出《で》ると　ソプラノだ
- □　おにいちゃん　その一口《ひとくち》が　ブタのもと
- □　目《め》に涙《なみだ》　口《くち》にはおやつ　もう笑顔《えがお》
- □　犬《いぬ》だけど　すぐに分《わ》かるよ　笑顔《えがお》だね

かけっこだ
はりきりすぎて
フライング

よじかん目
おなかのむしが
うるさいよ

どうぶつ園
どうぶつよりも
かきごおり

おかあさん
悪いことしても
おこられず

すこしずつ
ためたおかねを
つかっちゃう

はなまるの
じゅくだいやっと
つかれぎみ

少《すこ》しくらいの字《じ》あまりはOK！！

※この川柳は花まるグループに帰属し、花まるグループの著作・メディア等で使用する場合がありますので、予めご了承下さい。

親御さんが子どもを遊びに誘って、一緒に遊ぶのが一番いいと思います。

上のお姉ちゃんなどが、そういう役をやってくれると、下の子は、確実に国語が得意になります。女の子の方が、言葉の発達が早くて、語彙も豊富ですから。

聞く力、話す力は会話で鍛える

あとは、聞く力と話す力ですが、これは会話で両方一緒に鍛えるのが一番です。

親子で会話をするときに、ぜひ親御さんにしてほしいことがあります。

たとえば、親御さんが子どもに、「今日は何を食べたの？　学校で何をして遊んだの？」と聞くと、子どもはいろいろ言うでしょう。そういうときに、それだけで終わってしまわないで、逆に聞いてもらうのです。つまり、「お母さんに同じ質問をしてみて」と子どもに言うのです。そうすると、子どもは、「お母さん、今日は何していたの？」というふうに聞いてくれるでしょう。こうするだけで、会話の量が倍になり、豊富になります。

要するに、こっちから、「お元気ですか？」と聞いたら、向こうは、「元気ですよ。あなたは？」と返しますね。英語では、「Fine thank you. And you?」となって、これは会話の決まり文句です。

子どもは、「あなたは？」と問い返すほど成長していないので、親御さんが手助けをして、「同じことをお母さんに聞いてみて」と促すといいのです。それを続けているうちに、子どもは自分から、「お母さんは？」と自然に返せるようになるでしょう。これで、聞く力、話す力がぐっと伸びるわけです。

子どもの頃に、そういうふうに、質問を返すという習慣をつけておけば、会話が切れないで続くことにもなります。

これは、親御さんにぴったりの方法だと思います。

親御さんの表現力が子どもの作文力をアップする

そして、「お母さんは何を食べたの？」と聞かれたら、たとえば、「お母さんはね、お父さんが四国に行ったときのお土産の讃岐うどん。3人前で一つの袋に入っていて、それを取り出して、万能ネギを刻んで……」というように、どう料理して食べたかということを言っていく。詳しく報告するということはこういうことだという見本を示すといいでしょう。

それがどんなにおいしかったかということを比喩で表現したり、何に似ていたかを思い出しながら、イメージをふくらませて話したりしていくと、親御さんも表現力を鍛えられるし、何より、子どものいい作文とか、いい話し方につながります。

こういうイメージ的表現の力というのは、塾や学校で教えられるものではなくて、家庭で実体験を重ねる中で伸びていくものです。そういう意味で、親御さんには、こういうことを意識的にやってほしいと思います。

家族で囲む食卓は国語力アップの最高の場

具体的に言うと、家庭での会話の中心になるのは、何と言っても食卓ですから、食卓を大切にしてほしいですね。食卓ではいろんなことが起こり、子どもはここでいろんなことを体験します。

私も昔、きょうだい3人でお皿を1枚ずつもらって、おかずでお子様ランチみたいなものを作って、競い合うというようなことをしましたが、それがすごくクリエイティブな感じがして、とてもおもしろかったという思い出があります。それは今でも忘れられない経験です。こういう経験は、「チンして食べといて」という食卓では得られないものです。

今は外遊びが少なくなって、子どもたちの実体験の場が少なくなりました。その分、家庭での食卓の比重が大きくなったと思います。ですから、できる限り親子で一緒に食べるようにしてほしいのです。

食卓のコミュニケーションには微妙なものがあります。これを食べたいけれど、他の人も食べたがっている、そのとき、どのように言えばいいのかとか、食べたくないとき、人の気持ちを害さないように食べないで済ますにはどうすればいいのかとか、いろいろな言葉のニュアンスを使い分ける必要が出てきます。そういう意味で、家族の食卓は子どもの言葉づかいを自然に鍛えてくれるのです。ご飯の場というのは、子どもにとって本当に大きな意味を持っています。そこで起こったことを、子どもは克明に覚えています。

私も小さいときに、戦時中に育った父親が、ジャガイモだけは絶対食べなかったのを覚えています。人に、「食べ物は残すな！」と言いながら、自分はジャガイモだけは食べない。カレーライスの皿の端に父が食べないジャガイモが並んでいる情景が私の脳裏にリアルに焼きついています。

また、あるとき、お菓子を3人きょうだいで一人1個ずつもらったのですが、なぜかおふくろの分は半分だったのです。私はかわいそうだな、と思ったのですが、おふくろはその半分も、「いいよ、あなたたちで食べなさい」と言って、3人に分けてくれました。無償のやさしさと言うのでしょうか。これも食卓のできごとでした。

一日の最後に家族で話し合う時間を必ずつくる

現代の子どもたちは、ＹｏｕＴｕｂｅやテレビ、ゲームに時間を奪われています。

そのため、家族が揃っているときですら、ＹｏｕＴｕｂｅやゲームに時間を消費されてしまい、家族でろくな会話もせずに一日を終えてしまうことが少なからずあるのではないでしょう。

ぜひ、一日の最後に家族で話し合う時間を作ってください。そういう時間を作ることで、就寝するときにポジティブな気持ちになって一日を終わらせることができます。

一日の最後に、10分でも15分でもよいので、家族で話し合う時間を作ります。その日あったことを思いつくままに話をするのです。たいていの家庭は子どもが3年生、4年生になってくると、家族とは何もしゃべらずに過ごしてしまいますが、これは子どもの成長過程において、自然の流れとしてあることなのです。

だからこそ、家族が言葉を交わし合う時間を設けることに大きな意味がありますす。毎日、毎晩、その日にあったニュースについて意見を交わし合うだけでも、大きな前進になるでしょう。子どもからすれば、親御さんが話している社会に対する理解が深まり、気付けば、国語力が自然と上がっていきます。

「友だちにお尻を蹴られたので大喧嘩になった」

そのような出来事を披露することで、その子は物事に対する自分の見識について、他からどう見られるのか、意見をもらうことで考える時間を作り出すこともできます。家族としては、我が子がどのように世界を見ているのか、世界観や価値観を共有することができるでしょう。

自分のなかにあるものを人前で話をしようとすると、途端に難しくなることにも気付くでしょう。言葉を整理しながら、アウトプットすることで、自分の考えが整理されていきます。その過程にだんだんと慣れてくると、次のステップとして、人に伝えるときに「ここで笑わせよう」といった思いが芽生え、話すという行為自体がレベルアップしていきます。

寝るときにポジティブに一日を終わらせる

家族同士で話し合う時間を一日の最後に作ることで、就寝するときにポジティブな気持ちで一日を終わらせることができます。

私の講演会でもっとも反響が大きいのは「自己肯定感が大事」という話です。学力は基礎と応用に分けられますが、基礎力育成は学習習慣が大事で応用力は本人の「好き」のエネルギーで伸びていくものです。しかし実は、その学力ピラミッドの土台にあるのが「自己肯定感」なのです。

その「自己肯定感」が棄損されてしまっていると子どもは、どこかで伸び悩んでしまいます。物事に対して、やりたくないという思いがあり、無理矢理やらされている状態の場合では、自己肯定感が生まれることはまずありません。

だからこそ、幼少期から15歳頃までは、自己肯定感をしっかりと満たされる生活をする必要があります。勉強はやらされるものではなく、自分自身で必要だと思ったらやるものなのです。つまり、好きだから伸びていく、という状況にならないといけません。子どものなかに、そのような心が当たり前のようにあるということがもっとも大事です。

そのために、日々どうすればいいのでしょうか。

そうです、一日の最後に、家族会議によってみんなで話し合う時間を持ちましょう。そういう時間を少しでも持つなかで、「それは良かったね」という感情で一日を終わらせることが大事だということです。そうすることで自己肯定感が生まれます。

その日は友だちと喧嘩をしてしまって落ち込んでいたけれど、その子がその日の最後に両親に話を聞いてもらったときに、「たとえ喧嘩をしたとしても、心を強くするためにはいいことなんだ」と思えたとすれば、友だちとの喧嘩ですら良い経験となり、活きるための大きな糧になっていきます。

喧嘩をしたことに対して、自分のなかでずっとモヤモヤと停滞しているうちは、そのような境地にたどり着くことはできないでしょう。周りの声によって「良かったね」という落としどころを見つけられて、すっきりとした感情でその日を終える。そういう毎日を繰り返すことで、自己肯定感は満たされていきます。

●「テレビがうるさくて落ち着いて話ができない」という子どもたち

それから、親子で食事をするとき、やっぱりテレビを消して、親子で会話をしながら食べるといいですね。

20分でも30分でもいいから、テレビを消す時間をあらかじめ決めておいて、食事を会話タイムにする。これは国語力だけではなく、親子の心を通い合わせるためにも、ぜひやってほしいことです。

『「食卓の力」で子どもが変わった！』（室田洋子著・カンゼン刊）という本にあったのですが、とてもおもしろかったので、ここでご紹介します。

最近、ファミレスへ行きたがる小学生が増えているということで、その小学生たちに理由を聞いたところ、異口同音に、「家ではテレビがいつもついていて、うるさい」、「家ではゆっくり話ができない」と答えたそうです。

これには私もびっくりしましたが、一方で、「なるほど」と思いました。子どもたちはテレビより、親子で話をすることを望んでいるのです。

食事どきにテレビをつけたがるのは、子どもより親御さんの方かもしれません。そうだとすると、親御さんが決心すれば、テレビを消して会話タイムにするのは、すぐにもできることですね。

子どもの側が切実に会話を求めている。親御さんに聞いてほしいし、親御さんの話も聞きたいのです。

たしかに、親御さんの方もコミュニケーション力が弱くなっています。親御さんはまさにテレビ世代ですから……。

親御さんと子がお互いにコミュニケーション力を鍛えるという意味でも、テレビをつけっぱなしにしないで、子どもとの会話をもっと大事にしてほしいですね。

食事のとき、いつもついているテレビを消したら、何が起こるか？　いっとき、シーンとしてしまうでしょうね。しかし、その沈黙を最初に破るのは、子どもの方かもしれません。

できる子は食卓で勉強をする

あとは、勉強する環境ということで、親御さんに知っておいてほしいのは、勉強のために子ども部屋を与えて、机を買ってやっても、小学生くらいでは、勉強部屋では案外勉強しないということです。

私は以前調べたことがありますが、勉強ができる子はみんな食卓で勉強しているのです。

親御さんが直接見ていなくても、たとえば、台所で料理をしている、そういう親御さんが近くにいるところが、子どもは一番やる気が出るのです。ちょっとわからなかったらすぐ聞けるということもあるでしょう。そして、机は結局物置になっている。勉強のできる子はみんなそんなものです。

私も小学生のとき机を買ってもらいましたが、机では勉強しませんでした。

小学生段階では、まだどこかで親御さんとつながっていたいという気持ちがあって、身近に親御さんの存在を感じるだけでホッとするのではないでしょうか。

いろんな面で、子どもにとって家庭がホッとするような場所であることが基本です。そこで親御さんとたくさん会話をする。そういう家では、子どもは自然に勉強したくなるのです。

私がイジメを克服できた一番の力はいつもどおりの家

私は5年生のときに、頭が大きいことで、クラスのみんなにからかわれたことがあります。朝、私が教室に入ると、クラスの全員が、「でこっぱち！」とはやし立てる。

いじめというのは、やっている側は軽い気持ちなのですが、やられている側は死にたくなるほどつらいのです。

このいじめが1カ月ほど続いたある日、転機が訪れました。生徒会で立候補してあいさつに立ったとき、ふとひらめいて、「ボクが頭のでっかい高濱正伸です」と言って、横を向いて見せたのです。とたんに全校生徒が大爆笑。この日から、いじめはピタッとやみました。

この場合も、いじめを克服できた一番の力は、いつもどおりの家なのです。帰ってくると、いつでも両親の無条件の愛情で守られている家なのです。

外でつらいことがあっても、家に帰ると癒される。その繰り返しの中で、自分が強くなって、いつかそのつらさを克服できる。それが食卓を中心とした家の機能だと思います。そして、それを根本で支えているのがご飯なのです。

たとえば、車酔いで吐きそうな状態でも、家に入ったとたんに治ってしまう。あの実感です。親御さんのご飯を食べることが、精神的な不安を全部流してくれる。それを毎日繰り返して、子どもは強くなっていくのです。

答えを教える親御さん、考えさせる親御さん

たとえば、子どもが教室を出るときに、先生に何にも言わないで行こうとしたら、親御さんは子どもに何と言うでしょうか？

「さよならでしょ？」と言う親御さんがいる一方で、「あれっ？　何て言うんだっけ？」と言う親御さんがいます。

小さいことのようですが、この違いは大きい。

「さよならでしょ？」と言う親御さんは、子どもに答えを教えてしまっています。「何て言うんだっけ？」と問う親御さんは、子どもに自分で考えることを促しています。

一事が万事。家庭で親御さんと子がやりとりをする無数の場面で、こういうことが積み重なれば、子どもの思考力に大きな差がつくのは当然と言えるでしょう。

親御さんは答えを言ってしまってはいけないのです。問いかけたり、示唆したり、あるいはヒントを与えるだけにとどめておくことです。そして、子どもが答えるのを待ちましょう。

ここでも待つことが大事な働きを持っています。待つ余裕。余裕がない親御さ

んは待てないで、自分で答えてしまって、それを子どもに押しつけます。子どもは考える前に答えが出てくるので、考える力はまったくつきません。

子どもが小学校に入りたての頃は、多くの親御さんたちが、子どもに問いかけたり、示唆したりして、子どもに考えさせようとするのですが、子どもが答えを出すのが遅かったり、同じ間違いを何度も繰り返したりすると、だんだんイライラし始めて、答えを押しつけてしまうことになるようです。

おわりに

SNS時代だからこそ、言葉はより正確に論理的に使ってほしい

前回の出版から14年が経過しました。

現代はSNS時代の真っ只中にあります。

「やばくね？」「えぐいね」。

SNSのなかでは感情的な言葉だったり、言葉自体を短縮して使ったり、それらを仲間内だけで通用する俗語のようなものに変換して使ったり、乱れた言葉が横行している状況があります。

乱れた言葉を、感情的に、仲間内だけがわかるように使う。それ自体は悪いことだとは思いませんが、その一方で、いざ外の世界に飛び出したときに、他者に対してとても不寛容になってしまっていると感じています。

世界を見てください。自分たちの考えに固執し、自分たちが正しいと思い込み、他者に対して感情的な言葉をぶつけ合うだけの世界が蔓延しています。あちこちに対立構図が生まれ、いつ、どこで、戦争が起きるかわからない、緊張状態にある世界に歪んでしまっていると感じます。

私たちは、そんな偏った世界に身を置いていることに気づく必要があります。

論理的ではない、感情的な言葉をぶつけ合うだけの世界は、およそ生産的ではありません。それではあちこちに停滞が生まれ、ますます他者との繋がりが保てなくなる。そんなまずい流れがあるように感じてなりません。

日本は、世界的にはまだマシといえる状況にあると思います。

そもそも持っている文化に奥行があるため、誰かと誰かが対立したときには「まあまあまあ」とたしなめるような行動によって、対立しそうな関係をうまく保てることもあるでしょう。日本人の特徴として空気を読み、激しい対立構図を避けようとする傾向もあるのかもしれません。

それでも、日本でも言葉を論理的に使い、相手に丁寧に伝えるというやり取りが不足してきており、状況は悪化の一途をたどっていると感じます。

そういう世界においては、やはり、言葉が頼りになります。正しい言葉を使えれば、世界を正確に、論理的に捉えられ、物事を丁寧に進めていくための手段になります。

私は、花まる学習会を子どもの学力を上げるために立ち上げ、まず国語が大事だ、という問題意識をもって指導を重ねてきました。ただ、それはただ単に入試のために役立つのではなかったのです。子どもがやがて大人になり、世界に出たときに、しっかりとした言葉が身についていること、つまり、国語力があることが何よりも生きる力になる、ということを痛烈に感じるようになりました。

SNS時代だからこそ、対立構図が生まれやすい時代だからこそ、言葉を丁寧に、正確に、論理的に使うことで、世界と密接に繋がることができる。そのために、子どもの頃から国語力をしっかりと積み上げながら自分のものにしていく。

そうした地道な努力が、ますます重要な時代に突入しているのです。

高濱正伸

花まる学習会代表

1959年生まれ、熊本県人吉市出身。東京大学大学院農学系研究科修士課程修了。算数オリンピック委員会理事。1993年、「この国は自立できない大人を量産している」という問題意識から、「メシが食える大人に育てる」という理念のもと、「作文」「読書」「思考力」「野外体験」を主軸にすえた学習塾「花まる学習会」を設立。1995年には、小学3年生から中学3年生を対象とした進学塾「スクールFC」を設立。チラシなし、口コミだけで、母親たちが場所探しから会員集めまでしてくれる形で広がり、当初20人だった会員数は、23年目で20,000人を超す。

スタッフ

構成　鈴木康浩、四十塚佑二
カバー・本文デザイン　二ノ宮匡（ニクスインク）
マンガ・本文イラスト　こやまもえ
DTP オペレーション　貞末浩子
編集　滝川昂（株式会社カンゼン）

本書は、2010年に小社より刊行した『全教科の成績が良くなる 国語の力を親が伸ばす』を一部加筆修正を加え編集したものです。

小学生の全教科の成績がアップ！
国語の力は親で決まる

発行日　2024年12月25日　初版

著者　高濱 正伸
発行人　坪井 義哉
発行所　株式会社カンゼン
〒101-0021
東京都千代田区外神田2-7-1 開花ビル
TEL 03（5295）7723
FAX 03（5295）7725
https://www.kanzen.jp/
郵便為替 00150-7-130339
印刷・製本　株式会社シナノ

ISBN 978-4-86255-718-6
Printed in Japan
定価はカバーに表示してあります。

ご意見、ご感想に関しましては、kanso@kanzen.jp までEメールにてお寄せ下さい。お待ちしております。